Joseph Murphy

Maximice su potencial mediante el poder de su mente subconsciente para ganar salud y vitalidad

EDICIONES OBELISCO

Si este libro le ha interesado y desea que le mantengamos informado de nuestras publicaciones, escríbanos indicándonos qué temas son de su interés (Astrología, Autoayuda, Ciencias Ocultas, Artes Marciales, Naturismo, Espiritualidad, Tradición...) y gustosamente le complaceremos.
Puede consultar nuestro catálogo en www.edicionesobelisco.com

Colección Nueva Conciencia
MAXIMICE SU POTENCIAL MEDIANTE EL PODER DE SU MENTE SUBCONSCIENTE PARA GANAR SALUD Y VITALIDAD
Joseph Murphy

1.ª edición: febrero de 2012

Título original: *Maximize Your Potential Through the Power of Your Subconscious Mind for Health and Vitality*
Traducción: *David M. George*
Maquetación: *Marta Ribón*
Corrección: *Cristina Viñas*
Diseño de cubierta: *Enrique Iborra*

© 2005, The James A. Boyer Revocable Trust. Editado y actualizado por 21st Century de JMW GROUP INC.
(Reservados todos los derechos)
© 2012, Ediciones Obelisco, S. L.
(Reservados los derechos para la presente edición)

Edita: Ediciones Obelisco S. L.
Pere IV, 78 (Edif. Pedro IV) 3.ª planta 5.ª puerta.
08005 Barcelona - España
Tel. 93 309 85 25 - Fax 93 309 85 23
E-mail: obelisco@edicionesobelisco.com

Paracas, 59 C1275AFA Buenos Aires - Argentina
Tel. (541-14) 305 06 33 - Fax: (541-14) 304 78 20

ISBN: 978-84-9777-812-1
Depósito Legal: B-634-2012

Printed in Spain

Impreso en España en los talleres gráficos de Romanyà/Valls S. A.
Verdaguer, 1 - 08786 Capellades (Barcelona)

Introducción

¡Despierte y viva! Nadie está destinado a ser infeliz o a verse consumido por el miedo y las preocupaciones, a vivir en la pobreza, a tener mala salud y a sentirse rechazado e inferior. Dios creó a todas las personas a Su imagen y semejanza y nos ha proporcionado el poder para superar las adversidades y conseguir la felicidad, la armonía, la salud y la prosperidad.

Tiene usted en su interior el poder de enriquecer su vida. Cómo lograrlo no es ningún secreto. Se ha predicado y escrito sobre ello y también se ha practicado durante milenios. Lo encontrará en las obras de los antiguos filósofos, y todas las grandes religiones lo han preconizado. Se encuentra en las escrituras hebreas, los evangelios cristianos, la filosofía griega, el Corán musulmán, los sutras budistas, el Bhagavad Gita hindú y los escritos de Confucio y Lao-Tsé. Lo hallará en las obras de los psicólogos y los teólogos actuales.

Ésta es la base de la filosofía del Dr. Joseph Murphy, uno de los grandes escritores y conferenciantes inspiradores del siglo XX. No era, simplemente, un pastor protestante, era también una figura importante en la interpretación moderna de las Escrituras y de otros escritos religiosos. Como pastor-director de la Iglesia de la Ciencia Divina de Los Ángeles, asistían a sus conferencias y sus sermones entre 1300 y 1500 personas cada domingo, y millones de personas sintonizaban su programa diario en la radio. Escribió más de 30 libros, y el más conocido de ellos, *El poder de tu mente subconsciente*, se editó por vez primera en 1963 y se convirtió en un superventas de inmediato. Fue aclamada como una de las mejores guías de autoayuda jamás escritas. Se han vendido, y se siguen vendiendo, millones de copias en todo el mundo.

Tras el éxito de este libro, el Dr. Murphy dio conferencias a audiencias de miles de personas en varios países. En sus charlas señalaba cómo la gente real había mejorado su vida drásticamente siguiendo aspectos concretos de sus ideas, y aportó directrices prácticas sobre cómo todas las personas pueden enriquecer su vida.

El Dr. Murphy era defensor del movimiento del Pensamiento Moderno, que fue desarrollado a finales del siglo XIX y principios del XX por muchos filósofos y grandes pensadores que lo estudiaron y lo preconizaron, escribieron acerca de él y practicaron una nueva forma de ver la vida. Mediante la combinación de enfoques metafísicos, espirituales y pragmáticos en la manera en que pensamos y vivimos, descubrieron el secreto para conseguir lo que realmente deseamos.

Esta filosofía no era una religión en el sentido tradicional, pero se basaba en una creencia incondicional en un ser superior y una presencia eterna: Dios. Se le dio distintos nombres, como «Nuevo Pensamiento» o «Nueva Civilización».

Los defensores del Nuevo Pensamiento o de la Nueva Civilización predicaban una idea nueva acerca de la vida, que emplea métodos que dan lugar a unos resultados perfeccionados. Basaban su forma de pensar en el concepto de que el alma humana está conectada a la mente atómica de la sustancia universal, que relaciona nuestras vidas con la ley universal del abastecimiento, y que disponemos del poder de usarla para enriquecer nuestra vida. Para conseguir nuestros objetivos debemos trabajar, y a través de este trabajo puede que suframos debido a las espinas y las penas propias de la especie humana. Podemos hacer todas estas cosas sólo al haber encontrado la ley y haber conseguido comprender los principios que Dios parecía haber escrito en el pasado en forma de enigmas.

El concepto del Nuevo Pensamiento puede resumirse con estas palabras:

Puede usted convertirse en lo que desee ser.

Todo lo que conseguimos y todo lo que no obtenemos son resultado directo de nuestros propios pensamientos. En un universo justo y ordenado en el que la pérdida de equilibrio supusiera la destrucción total, la responsabilidad individual debería ser absoluta. Nuestras debilidades, fortalezas, pureza e impureza son sólo nuestras. Son provocadas por nosotros y por nadie más. Sólo nosotros podemos alterarlas: nadie más puede hacerlo. Toda nuestra alegría y felicidad evolucionan desde nuestro interior. Tal y como pensamos, somos; tal y como seguimos pensando, permanecemos. La única manera en que podemos ascender, conquistar y conseguir cosas es haciendo que nuestros pensamientos sean más elevados. La única razón por la que podríamos seguir siendo débiles, abyectos y sentirnos abatidos consistiría en *rehusar* elevar nuestros pensamientos.

Todos los logros (ya sean en el trabajo, intelectuales o en el mundo espiritual) son resultado de un pensamiento absolutamente dirigido, y están gobernados por la misma ley y se consiguen mediante el mismo método. La única diferencia yace en el objeto del logro. Los que quieran conseguir poco deben sacrificar poco, los que quieran conseguir mucho deben sacrificar mucho, y los que quieran conseguir muchísimo deben sacrificar muchísimo.

El Nuevo Pensamiento significa una nueva vida: una forma de vivir que es más saludable, feliz y satisfactoria en todos los sentidos y formas.

En realidad, esto no tiene nada de nuevo, ya que es tan antiguo e inmemorial como la humanidad. Es nuevo para nosotros cuando descubrimos las verdades de la vida que nos libran de las carencias, las limitaciones y la infelicidad. En ese momento, el Nuevo Pensamiento se convierte en una conciencia recurrente y expansiva del poder creativo de nuestro interior, de nuestro principio mental y de nuestro potencial Divino para ser, hacer y expresar una mayor cantidad de nuestras capacidades, aptitudes y talentos individuales y naturales. El principio mental fundamental es que los nuevos pensamientos, ideas, actitudes y creencias dan lugar a nuevos estados. De acuerdo con nuestras creencias, así se lleva a cabo en nosotros: bueno, malo o indiferente. La esencia del Nuevo Pensamiento consiste en la renovación constante de nuestra mente y en que podamos manifestar lo que es bueno, aceptable y la perfecta voluntad de Dios.

Demostrar algo es saberlo con seguridad y disponer de un conocimiento y una experiencia dignos de confianza. Las verdades del Nuevo Pensamiento son prácticas, fáciles de demostrar y se encuentran dentro del reino de los logros para todos, siempre y cuando la persona así lo decida. Todo lo que se necesita es una mentalidad abierta y un corazón voluntarioso: abierto a escuchar viejas verdades presentadas de una forma distinta; con la voluntad de cambiar y renunciar a creencias pasadas de moda y de aceptar ideas y conceptos poco conocidos: tener una visión más elevada de la vida o sentir una presencia curativa en su interior.

El renacimiento de nuestra mente es el objetivo y la práctica del Nuevo Pensamiento. Sin esta renovación diaria en desarrollo no puede haber cambios. El Nuevo Pensamiento establece y desarrolla una actitud y una consciencia completamente nuevas que nos inspiran y nos permiten entrar en «una vida de mayor abundancia».

Tenemos, en nuestro interior, unos poderes ilimitados entre los que escoger y decidir, y la completa libertad para adaptarnos o para transformarnos. Vivir adaptado consiste en vivir de acuerdo con lo que ya ha tomado forma o con aquello a lo que ya se le ha dado forma: aquello que es visible y que nuestros sentidos pueden percibir, incluyendo las ideas, las opiniones, las creencias y los edictos de los demás. Consiste en vivir y ser gobernado «por las modas y condiciones fugaces e inestables del momento». La propia palabra *adaptado* sugiere que nuestro entorno actual tiene una forma y que no negamos, ni deberíamos negar, su existencia. A nuestro alrededor se dan injusticias, incorrecciones y desigualdades. Puede que nos encontremos (y nos encontramos) implicados en ellas en alguna ocasión, y deberíamos enfrentarnos a ellas con valentía y honestidad y hacerlo lo mejor que podamos para resolverlas con la integridad y la inteligencia que ahora poseemos.

Generalmente, el mundo acepta y cree que nuestro entorno es la causa de nuestro estado y nuestras circunstancias actuales, y la reacción y la tendencia usuales consisten en vagar hacia un estado de aquiescencia y de tranquila aceptación del presente. Ésta es la conformidad del peor tipo: la consciencia del derrotismo. Es peor porque es autoimpuesta. Está cediendo todo el poder y la atención al estado externo y manifestado. El Nuevo Pensamiento insiste en la renovación de la mente y el reconocimiento y la apreciación de nuestra responsabilidad en la vida: nuestra capacidad para responder a las verdades que ahora conocemos.

Charles Fillmore, uno de los profesores del Nuevo Pensamiento más activos y eficientes, y cofundador de la Unity School of Christianity, era un firme creyente en la responsabilidad personal. En su libro *The Revealing Word*, escribió (con sencillez y sin ambigüedad): «Nuestra consciencia es nuestro verdadero entorno. El entorno exterior siempre se encuentra en correspondencia con nuestra consciencia».

Cualquiera abierto y con la voluntad de aceptar la responsabilidad ha iniciado la transformación: la renovación de la mente que nos permite participar en nuestra vida transformada. «Transformarse» consiste «cambiar de una condición o estado a otro» (que sea cualitativamente mejor y más satisfactorio), «de la carencia a la abundancia; de la soledad a la compañía; de la enfermedad a la completa buena salud»: a través de esta sabiduría y poder que moran en nuestro interior, la presencia curativa permanecerá dentro de nosotros.

Es cierto y está garantizado. Hay algunas cosas que no pueden cambiar: el movimiento de los planetas, el paso de las estaciones, la fuerza de los océanos y las mareas y la aparente salida y puesta del sol. Tampoco podemos modificar la mente ni los pensamientos de otra persona, pero podemos cambiarnos a nosotros mismos.

¿Quién puede evitar o inhibir el movimiento de su imaginación y su voluntad? Sólo usted puede darle este poder a otro. Puede transformarse mediante la renovación de su mente. Ésta es la clave para una nueva vida. Es usted una grabadora, y todas las creencias, impresiones, opiniones e ideas aceptadas por usted están impresas en su subconsciente más profundo. Pero puede usted cambiar. Puede empezar ahora a llenar su mente con patrones nobles y sagrados de pensamientos y a alinearse con el Espíritu Infinito de su interior. Reclame la belleza, el amor, la paz, la sabiduría, las ideas creativas… y el Infinito le corresponderá transformando su mente, su cuerpo y sus circunstancias. Su pensamiento es el medio entre su espíritu, su cuerpo y el mundo material.

La transformación empieza mientras meditamos, pensamos y absorbemos en nuestra mentalidad aquellas cualidades que deseamos experimentar y expresar. El conocimiento teórico es bueno y necesario. Deberíamos comprender lo que estamos haciendo y por qué. No obstante, el cambio real depende por completo de despertar los dones que hay en nuestro interior: el poder espiritual invisible e intangible que nos ha sido proporcionado por entero a todos nosotros.

11

Esto, y únicamente esto, acaba quebrando y disolviendo las verdaderas reivindicaciones y la esclavitud de la infelicidad y la angustia pasadas. Además, cura las heridas de la pena y el dolor emocional. Todos deseamos y necesitamos tranquilidad espiritual (el mayor regalo) para así incluirlos en nuestro entorno. Contemple, mental y emocionalmente, la paz Divina que llena nuestra mente, nuestro corazón y todo nuestro ser. Diga, en primer lugar: «Que la paz esté presente en este hogar».

Contemplar la falta de paz, de armonía y de felicidad, y la discordia, y esperar que la paz se manifieste es como esperar que una semilla de manzana se transforme en un peral. No tiene ningún sentido y viola los designios de la razón, pero así es el mundo. Debemos buscar formas de cambiar nuestra mente y de arrepentirnos cuando sea necesario. Como resultado de ello se dará una renovación, que vendrá a continuación y de forma natural. Es deseable y necesario transformar nuestra vida y dejar de adaptarnos a la forma que tiene el mundo de escoger o decidir, según los eventos ya formados y manifestados.

La palabra *metafísica* se ha convertido en un sinónimo del movimiento moderno y organizado. Fue usada por primera vez por Aristóteles. Considerada por algunos como su mejor obra, su decimotercer volumen se titulaba, sencillamente, *Metafísica*. La definición que aparece en el diccionario es: «Más allá de la ciencia natural; la ciencia del ser puro». *Meta-* significa «por encima o más allá». *Metafísica* significa, por tanto, «por encima o más allá de la física» o «por encima o más allá de lo físico», el mundo de la forma. *Meta* se encuentra por encima de eso: es el espíritu de la mente, que se encuentra detrás de todas las cosas.

Bíblicamente, el espíritu de Dios es bueno. «Aquellos que adoran a Dios adoran al espíritu o a la verdad». Cuando disponemos del espíritu de la bondad, la verdad, la belleza, el amor y la buena voluntad, se trata, en realidad, de lo Divino, que está en nuestro interior, que se desplaza dentro de nosotros. Dios, verdad, vida, energía, espíritu: ¿no puede ser definido? ¿Cómo puede ser? «Definirlo es limitarlo».

Esto queda expresado en una hermosa y antigua meditación:

> Siempre es igual en mi ser más interno: eterno, completamente uno, pleno, completo, perfecto. YO SOY indivisible, atemporal y no tengo forma ni edad. No poseo cara, forma ni figura. YO SOY la presencia silenciosa que rumia, fijada en el corazón de todos los hombres (y mujeres).

Debemos creer y aceptar que cualquier cosa que imaginemos y sintamos que es cierta ocurrirá, y que cualquier cosa que le deseemos a otro será lo que estamos deseando para nosotros mismos.

Emerson escribió: «Nos convertimos en aquello en lo que pensamos durante todo el día». En otras palabras y de forma más sencilla: el espíritu, el pensamiento, la mente y el *meta* es la expresión de la presencia y el poder creativo y, al igual que sucede en la naturaleza (leyes físicas), cualquier fuerza puede usarse de dos formas. Por ejemplo, el agua puede limpiarnos o ahogarnos, y la electricidad puede hacer que la vida sea más sencilla o más mortífera. La Biblia dice: «Yo genero la luz y creo la oscuridad, hago la paz y el mal. Yo, el Señor, hago todas estas cosas: yo hiero, yo curo, yo bendigo y yo maldigo».

No hay ninguna deidad airada que nos esté castigando: somos nosotros los que nos castigamos debido a un mal uso de nuestra mente. También nos vemos bendecidos (beneficiados) cuando comprendemos este principio y presencia fundamental y aprendemos y aceptamos un nuevo pensamiento o todo un concepto.

La metafísica es, pues, el estudio de la causalidad (que no tiene que ver con el efecto ahora presente, sino más bien con lo que está provocando el resultado). Esta disciplina se ocupa de las ideas espirituales, mientras que los científicos se ocupan del mundo de la forma, al igual que investigan la mente o la causalidad a partir de la cual se forma o deriva lo visible. Si una mente cambia o una causa varía, el efecto se modifica.

La fuerza y la belleza de la metafísica es, en mi opinión, que no está confinada a ningún credo concreto, sino que es universal. Uno puede ser judío, cristiano, musulmán o budista, y aun así ser un metafísico.

Hay poetas, científicos y filósofos que no pertenecen a ningún credo: su creencia es metafísica.

Jesucristo fue un gran metafísico: comprendía la mente y la usaba para animar, inspirar y curar a los demás.

Cuando a Mahatma Gandhi («el del alma grande») se le preguntó qué religión profesaba, contestó: «Soy cristiano… judío… budista… hinduista… YO SOY todas estas cosas».

El término *Nuevo Pensamiento* se ha convertido en un término popular y generalizado. Formado por muchas iglesias, centros, grupos de oración e instituciones, se ha convertido en un movimiento metafísico que revela la unicidad o la unidad de la humanidad con la vida infinita... con la dignidad, el valor o la valía innatos de cada persona. De hecho, y en verdad, el énfasis se pone en la persona en lugar de en un cuerpo o una función organizadora; pero, tal y como se ha mencionado, no hay nada novedoso en el Nuevo Pensamiento. La metafísica es, de hecho, el más antiguo de los enfoques religiosos. Revela nuestro propósito de expresar a Dios y a las grandes dimensiones de Dios: «YO HE venido para traeros la vida, y una de más abundancia». Revela nuestra identidad: «hijos de lo infinito» que son queridos y tienen un valor espiritual como partes necesarias del Ser Sagrado Creador (y pleno).

La metafísica nos permite y nos ayuda a volver a nuestra Fuente Divina y da por finalizada la sensación de separación y el sentimiento de alienación y de vagar por un páramo desértico, yermo e inhóspito. Este enfoque siempre ha estado, está ahora y siempre estará a disposición de todos: esperando pacientemente a que lo descubramos y a sernos revelado.

A muchos miles de personas se les ha introducido en el Nuevo Pensamiento a través de uno u otro de sus defensores. Su formación fue gradual, y generalmente se consideraba que había empezado con Phineas P. Quimby. En un fascinante artículo aparecido en la revista *New Thought*, Quimby escribió acerca de su obra en 1837. Tras experimentar con el mesmerismo durante algunos años, concluyó que no era el hipnotismo, sino el condicionamiento del subconsciente, lo que daba lugar a los cambios resultantes. Aunque Quimby no tenía muchos estudios, tenía una mente curiosa e inquisitiva y era un pensador original.

Además, era un escritor y diarista prolífico. Se han publicado documentos que detallan el desarrollo de sus hallazgos. Acabó convirtiéndose en un maravilloso estudiante de la Biblia y reprodujo las dos terceras partes de las curaciones del Antiguo y del Nuevo Testamento. Vio que existía mucha confusión con el verdadero significado de muchos pasajes bíblicos, lo que provocaba malentendidos y una mala interpretación de la figura de Jesucristo.

A lo largo de todo el siglo xx muchos profesores, autores, clérigos y conferenciantes inspirados contribuyeron al movimiento del Nuevo Pensamiento. El Dr. Charles E. Braden, de la Universidad de Chicago, llamaba a estas personas «espíritus en rebelión», ya que estos hombres y mujeres estaban liberándose de verdad del dogmatismo, los rituales y los credos existentes. (Rebelarse contra las contradicciones de las antiguas tradiciones hizo que algunas personas temieran a la religión.) El Dr. Braden quedó descontento con el nuevo *statu quo* y rechazó adaptarse durante más tiempo.

El Nuevo Pensamiento es una práctica individual de las verdades de la vida: un proceso gradual y continuo. Podemos aprender un poco hoy, e incluso un poco más mañana. Nunca llegaremos a un punto en el que no haya nada más que descubrir. Es infinito, ilimitado y eterno. Disponemos de todo el tiempo que necesitamos: la eternidad. Muchos de nosotros estamos descontentos con lo que consideramos que son nuestros fracasos. Mirando hacia atrás, no obstante, descubrimos que se ha tratado de periodos de aprendizaje y que no tenemos que volver a cometer estos errores. El progreso puede parecer tan lento: «Con la paciencia poseerás tu alma».

En el libro del Dr. Murphy *Pray Your Way Through It: The Revelation*, éste comentó que se consideraba que el Cielo era la «conciencia» y la Tierra la «manifestación». Su nuevo cielo es su punto de vista revisado: su nueva dimensión de la consciencia. Cuando vemos (es decir, vemos *espiritualmente*), entonces nos damos cuenta de que en lo absoluto todo está bendecido y es armonía, un amor ilimitado, sabiduría, una paz completa y la perfección. Identifíquese con estas verdades y calme al mar del miedo; tenga confianza y fe y vuélvase más fuerte y tenga más seguridad en sí mismo.

En este libro, el Dr. Murphy ha sintetizado los entresijos de este poder y los ha expuesto de una forma fácil de comprender y pragmática para que pueda aplicarlos inmediatamente en su vida. Como el Dr. Murphy era un pastor protestante, muchos de sus ejemplos y citas proceden de la Biblia. Los conceptos que ilustran estos pasajes no deberían considerarse sectarios. De hecho, sus mensajes son universales y se pregonan en la mayoría de las religiones y las filosofías. Reiteraba frecuentemente que la esencia del conocimiento se encuentra en la ley de la vida y las creencias. No es católica, protestante, musulmana ni hindú, sino que es pura y simple fe: «Actúa con los demás como corresponde».

La esposa del Dr. Murphy, la Dra. Jean Murphy, siguió con su labor después de su muerte en 1981. En una conferencia pronunciada en 1986, citando a su difunto marido, reiteró su filosofía:

> *Quiero mostrar a los hombres y a las mujeres su origen Divino y los poderes que poseen en su interior. Les quiero informar de que este privilegio está dentro*

de ellos y que ellos mismos son sus propios salvadores y que son capaces de obtener su propia salvación. Éste es el mensaje de la Biblia, y las nueve décimas partes de nuestra confusión actual se deben a la interpretación literal y errónea de las verdades transformadoras de la vida que nos ofrece.

Quiero llegar a la mayoría, al hombre de la calle, a la mujer sobrecargada de tareas y que ve suprimidos sus talentos y capacidades. Quiero ayudar a los demás en cada etapa o nivel de consciencia para que conozcan las maravillas que hay en su interior.

Decía de su marido: «Era un místico práctico, poseía el intelecto de un erudito, la mente de un ejecutivo de éxito y el corazón de un poeta». Su mensaje resumido era: «Tú eres el rey, el gobernador de tu mundo, ya que eres uno con Dios».

Joseph Murphy era un firme creyente de que el plan de Dios era que las personas estuvieran sanas y fueran prósperas y felices. Se oponía a aquellos teólogos y a otros que decían que el deseo es algo malvado y que instaban a la gente a aplastarlo. Decía que la extinción de nuestros anhelos equivale a la apatía: nada de sentimientos y nada de acción. Predicaba que el deseo es un don de Dios. Es algo bueno y sano querer crecer y ser mejores de lo que éramos ayer… en los campos de la salud, la abundancia, el compañerismo, la seguridad, etc. ¿Cómo podrían ser estas cosas malas?

El deseo se encuentra tras todo el progreso. Sin él no se conseguiría nada. Es el poder creativo y debe canalizarse constructivamente. Por ejemplo, si alguien es pobre, el anhelo por la riqueza brota de su interior; si alguien está enfermo desea la salud; si está solo anhela la compañía y el amor.

Debemos creer que podemos mejorar nuestra vida. Una creencia (ya sea verdadera, falsa o meramente indiferente) mantenida a lo largo del tiempo, se asimilará e incorporará en nuestra mentalidad. A no ser que se vea revocada por una fe con una naturaleza diferente, toma forma, más tarde o más temprano, y se expresa o experimenta como un hecho, una forma, un estado, una circunstancia y los eventos propios de la vida. Tenemos el poder, en nuestro interior, de cambiar las creencias negativas y transformarlas en positivas, y así modificarnos a nosotros mismos para mejor.

Dé usted la orden y su subconsciente la obedecerá fielmente. Obtendrá una reacción o una respuesta de acuerdo con la naturaleza del pensamiento que alberga en su mente consciente. Los psicólogos y los psiquiatras señalan que cuando los pensamientos son transmitidos a su mente subconsciente se crean impresiones en sus células cerebrales. Tan pronto como esta parte de usted acepta cualquier idea, la hace entrar en vigor de inmediato. Trabaja mediante asociaciones de ideas y usa todas las porciones de información que ha recopilado a lo largo de su vida para provocar su objetivo. Recurre al poder, la energía y la sabiduría infinitos que hay en su interior, alineando todas las leyes de la naturaleza para abrirse camino. A veces parece traer consigo una solución inmediata a sus dificultades, pero en otras ocasiones puede llevar días, semanas o más tiempo.

El pensamiento habitual de su mente consciente deja surcos profundos en su mente subconsciente. Esto es muy favorable para usted si sus pensamientos recurrentes son armoniosos, pacíficos y constructivos. Por otro lado, si se ha permitido pensar en ideas como el miedo, la preocupación y otros conceptos destructivos, el remedio consiste en reconocer la omnipotencia de su subconsciente y decretar libertad, felicidad, una salud perfecta y prosperidad. Su mente subconsciente, que es creativa y es una con su Fuente Divina, procederá a crear la libertad y la felicidad que ha declarado con gran seriedad.

Ahora, por primera vez, las conferencias del Dr. Murphy se han combinado, editado y actualizado en forma de nuevos libros que hacen que sus enseñanzas entren en el siglo XXI. Para potenciar e incrementar este texto original, hemos incorporado materiales de algunas de las conferencias de Jean Murphy y hemos añadido ejemplos de personas cuyo éxito refleja la filosofía del Dr. Murphy.

Para maximizar su potencial de verdad debe estudiar estos principios, tomárselos en serio, integrarlos en su mentalidad y aplicarlos como parte integral de su enfoque de cada aspecto de su vida.

Dr. Arthur R. Pell
Editor

Prólogo

Desde tiempos antiguos, la gente se ha esforzado por conseguir el ideal: un cuerpo y una mente sanos. Esto se debe a que una buena salud es un prerrequisito para una buena vida. Debería poner los cimientos para gozar de una buena salud del mismo modo que asienta cualquier cosa importante: estudiando y adoptando los métodos más sensatos y científicos. Debería pensar, leer y hablar acerca de la salud del mismo modo en que un estudiante de derecho debería pensar, leer y hablar acerca del derecho. Debe aferrarse firmemente a la convicción de que es algo natural y correcto permanecer joven. Repítase constantemente que es incorrecto y malo envejecer en cuanto a su aspecto externo. La debilidad y la decrepitud no podían haber formado parte del plan del Creador para la humanidad, ya que fuimos creados a Su imagen y semejanza de perfección. Claramente, el enfermar o el quedar incapacitado deben ser el resultado de una mala formación y de una forma incorrecta de pensar.

Es responsabilidad suya cuidar de su cuerpo. Debe hacer que para usted sea prioritario consumir alimentos nutritivos, seguir un programa de ejercicios para mantener sus músculos tonificados y su cuerpo fuerte, y eliminar de su vida el tabaco y otros hábitos perniciosos.

No será usted anciano hasta que pierda la curiosidad y su corazón se vuelva harto e indiferente. Mientras esté implicado en la vida de muchas maneras, no podrá envejecer en espíritu. Sólo se volverá más débil (sin importar cuántos años haya cumplido) cuando haya perdido el contacto con la juventud, los ideales y el espíritu de su época... cuando haya dejado de crecer y aprender.

La idea de que su energía debe empezar a declinar y de que las llamas de la ambición se apagarán después de haber alcanzado una cierta edad tiene una influencia de lo más perniciosa sobre la mente, ya que es imposible que vayamos más allá de los límites que nos hemos autoimpuesto y hacer aquello que de verdad creemos que no podemos hacer. Por tanto, afirme constantemente: «Siempre me encuentro bien y siempre me encuentro joven. No puedo envejecer a menos que me provoque el estado de la vejez mediante mis pensamientos».

Tenga presente la receta de Dr. Murphy para mantenerse joven, dándose cuenta de que vivir debería ser una alegría permanente. La juventud y la felicidad son términos sinónimos. Si no disfruta de la vida, siente que es una maravilla estar vivo y considera que su trabajo es un gran privilegio, envejecerá prematuramente.

Mantenga siempre una actitud mental positiva. Si vive este ideal, el proceso del envejecimiento no podrá apropiarse de usted. Cada vez que piense en sí mismo, cree una imagen vívida de su yo ideal como algo vital, sano y vigoroso. Sienta el espíritu de la juventud y de la esperanza elevándose a través de su cuerpo.

Podemos encontrar el elixir de la juventud, que los alquimistas y los farmacéuticos han buscado durante mucho tiempo, en *nosotros mismos*. El secreto se encuentra en nuestra propia mentalidad. El rejuvenecimiento perpetuo es posible sólo a través de una forma de pensar adecuada. Parecemos tan viejos como pensamos y sentimos, ya que son nuestros pensamientos y nuestros sentimientos los que hacen variar nuestro aspecto.

En este libro, el Dr. Murphy hace hincapié en la importancia de tener fe en que Dios quiere que se mantenga usted sano y lleno de vida. Él nos demuestra una y otra vez cómo el pensamiento positivo da lugar a la curación y al mantenimiento de una vida feliz y llena de energía.

Tal y como destaca el Dr. Murphy, el poder para curarse yace en su interior. Al igual que en todos sus libros, reitera que su subconsciente gobierna todas sus acciones y reacciones. Si lo alimenta con pensamientos negativos sobre una mala salud, el deterioro y la senilidad, su organismo experimentará estas cosas. No obstante, si utiliza la oración y la meditación para programar su mente más profunda con pensamientos sobre una buena salud, vitalidad y juventud, su cuerpo manifestará estas cualidades.

Esto no significa que el simple hecho de rezar haga que se mantenga usted bien o que vaya a curar sus achaques. El cuerpo que Dios le ha dado también debe ser cuidado adecuadamente. Tiene usted la obligación de mantener su cuerpo en el mejor estado posible mediante la adquisición de unos buenos hábitos. La fe y la oración no pueden vencer a su descuido de una buena higiene, una nutrición correcta o un ejercicio adecuado, pero pueden permitirle conseguir la fortaleza mental para dar los pasos necesarios para corregir y superar los malos hábitos que debilitan a su organismo.

Como el Dr. Murphy era pastor de una iglesia cristiana, sacó muchos de sus ejemplos de la Biblia. En los siguientes capítulos cita varios pasajes del Nuevo Testamento que describen curaciones llevadas a cabo por Jesucristo. Las interpretaciones del Dr. Murphy sobre estos maravillosos eventos pueden proporcionar significado e inspiración a todos los lectores. Los seguidores de otras religiones o credos filosóficos pueden agradecer y aprender a partir de estas parábolas. Se encuentran ejemplos similares de grandes curaciones en los escritos de la mayoría de las religiones, además de en fuentes no confesionales.

A medida que vaya leyendo este libro, decídase a llevar a cabo cambios en su estilo de vida y maximice su potencial para dar lugar a un cuerpo y una mente sanos.

DR. ARTHUR R. PELL
Editor

Capítulo 1

Una buena salud: usted decide

Es lamentable ver cómo gente joven que inicia su vida con la ambición de hacerse un nombre arruina la posibilidad de hacer algo grande al poner en riesgo su salud, que es aquello de lo que más dependen para conseguir sus objetivos.

¿Es consciente del espléndido capital para el éxito que hay en una buena salud y en una constitución fuerte y vigorosa capaz de soportar cualquier cantidad de trabajo agotador y de golpes duros? ¿Ha tenido alguna vez en cuenta que disponer de las reservas físicas necesarias para progresar frente a un esfuerzo largo y persistente ha hecho que mucha gente supere los momentos difíciles y las situaciones duras, mientras que las personas más débiles habrían sucumbido por completo?

Podemos triunfar sin un capital económico, pero no sin vitalidad física y mental. Después de todo, ninguna máquina defectuosa puede realizar un buen trabajo. Para conseguir grandes cosas en el mundo, debemos poseer un cuerpo saludable, ya que, de otro modo, todo lo que hagamos llevará el sello de la debilidad.

Una salud de hierro cuadruplica la eficacia y el poder de cada facultad y función humanas. Elimina las telarañas del cerebro, mejora el buen juicio, incrementa la energía y refresca las células de todos los tejidos del organismo. En contraste, un cerebro confuso y exhausto es incapaz de llevar a cabo un buen trabajo, de pensar con claridad o de planear algo de forma eficaz. Los cuerpos agotados por los malos hábitos (incluidos la falta de sueño y de distracciones) no pueden desempeñar un buen trabajo.

Cuando se encuentra a sí mismo volviéndose taciturno y abatido y pierde sus antiguas ganas de vivir, puede estar seguro de que necesita dormir más, una salida al campo o por lo menos algo de ejercicio fuera de casa. Si obtiene estas cosas se encontrará con que su antiguo entusiasmo retorna. Algunos días de excursión por las colinas y los prados borrarán esas imágenes negras que le persiguen y devolverán el optimismo a su energía animal.

Con una buena salud y una determinación firme puede conseguir cosas maravillosas. No obstante, no importa cuánta ambición tenga, ya que si arruina su salud con malos hábitos destruirá su esperanza de conseguir cualquier cosa importante. Es verdad que hay ejemplos de personas con una mala salud (incluso inválidos) que han logrado cosas destacables… pero ¡piense en lo que estos individuos podrían haber conseguido si hubieran tenido una constitución fuerte y vigorosa! La mala salud es un inconveniente perpetuo, y cuanto mayor sea su ambición mayor será la decepción que le provocará la incapacidad de lograr sus objetivos. Por otro lado, una salud excelente incrementa la eficacia y el poder de cada facultad y multiplica muchas veces su capacidad intelectual, aportándole así una ventaja más interesante. La gente que posee sólo un talento pero tiene una salud excelente suele conseguir mucho más que aquella con docenas de capacidades pero con una mala salud.

Hay gente joven con unas capacidades inusuales, una magnífica educación y una buena formación que no puede progresar mucho en su carrera porque no es capaz de trabajar más de dos o tres horas al día. Ni disponen de la vitalidad ni de la fortaleza para llevar cabo un esfuerzo mantenido. Sus reservas físicas se agotan tan rápidamente que no pueden participar con éxito en las extenuantes competiciones cotidianas. Se ven mortificados y desilusionados constantemente, porque aquellos que no poseen sus capacidades mentales pero que tienen el doble de resistencia física les pasan por delante.

Mucha gente reduce enormemente sus posibilidades de éxito desarrollando malos hábitos que agotan la mayor parte de su energía. Puede que el 10 % se vaya con la bebida y que un 10 % más desaparezca con el tabaco. Quizás despilfarren otro 25 % de sus reservas de energía intentando pasarlo bien y un 10% adicional con la ociosidad y el comportamiento perezoso. Muchos pierden un porcentaje importante de su resistencia preocupándose e inquietándose. Como resultado de ello, desempeñan sus tareas con una energía carente de entusiasmo y unas facultades agotadas. De hecho, algunas personas apenas transmiten el 5 % de su energía y capacidades potenciales a las grandes tareas y al trabajo que llevan a cabo en su vida.

Para llevar a cabo grandes cosas debe mantener su mente fresca y receptiva. Cuando sus facultades se ven aguzadas y vigorizadas, usted puede realizar un trabajo más eficaz en unas pocas horas que lo que los adictos al trabajo conseguirán en 12 o 14 horas. Muchos han perdido su capacidad para producir por haber forzado a su cerebro a trabajar durante demasiadas horas cada día.

Miles de personas conseguirían muchas más cosas si salieran de su oficina, su fábrica o de otros lugares de trabajo más temprano, si trabajaran menos horas y si sacaran algo de tiempo para hacer un poco de ejercicio y distraerse. En resumen: mantenerse con una buena salud probablemente sea la mejor inversión posible.

Convierta en una norma el ir a su trabajo cada mañana sintiéndose fresco y lleno de vigor. Usted desea sentirse fuerte, vital y lleno de energía creativa.

La mayor parte de la gente parece creer que la salud se ve determinada por el destino o que se trata, en gran medida, de una cuestión hereditaria. Esto es ilógico, ya que todos poseemos la capacidad de escoger y podemos llevar a cabo acciones para mejorar nuestra resistencia y nuestra salud. No obstante, pocos realizan el esfuerzo para conseguirlo. Las mismas personas que pasan años estudiando y preparándose para su carrera laboral apenas dedican algún pensamiento a lo que pueden hacer para cuidar mejor de su cuerpo.

Cuando nos demos cuenta de que una buena salud multiplica nuestra capacidad de iniciativa, incrementa nuestra capacidad creativa, genera entusiasmo y espontaneidad, y fortalece la calidad de nuestro buen juicio y de nuestras decisiones, seremos más diligentes a la hora de cuidar de nuestro cuerpo físico.

La salud puede asentarse sólo si nos centramos en el bienestar en lugar de en la enfermedad, en la fuerza en vez de en la debilidad, en la armonía en lugar de en la discordia, en la verdad en vez de en el error, y en el amor en lugar de en el odio. Necesitamos llenar nuestra mente con pensamientos que nos fortalezcan en lugar de hacerlo con aquellos que nos derriban. Rejuvenecemos nuestro cuerpo renovando nuestros pensamientos.

La confianza es un factor poderoso para tener una buena salud, y deberíamos creer intensamente en nuestra capacidad para mantenernos bien a través de un pensamiento armonioso y positivo. Mientras habitemos en la enfermedad, la debilidad física y las tendencias genéticas, será imposible que desarrollemos un cuerpo fuerte y sano.

Un intelecto equilibrado y disciplinado actúa poderosamente sobre el yo físico y tiende a hacer que adquiera armonía. Por otro lado, una mente débil, vacilante e ignorante acabará llevando al cuerpo al caos. Cada pensamiento tiende a reproducirse, y las imágenes mentales horrorosas sobre las enfermedades y los vicios de todo tipo provocan la lepra en la mente, que luego reproduce todo esto en el organismo. La mente devora todo lo que le ponemos delante (lo bueno *y* lo malo) y dará lugar a solidez o a corrupción, a belleza o a deformidad, a armonía o a discordancia, y a verdad o a errores según la cualidad de los pensamientos con los que la alimentemos.

La virtud, la santidad, los sentimientos puros, los ideales elevados, una vida noble, la generosidad, la caridad y un amor desinteresado por la humanidad tienden a alargar la vida, mientras que sus opuestos tienden a acortarla.

Una persona feliz probablemente estará sana. Cuando uno encuentra su lugar en la vida y desempeña un trabajo que le encanta, está más sano y también es más feliz.

¿Quién no ha visto a personas con una salud regular (quizás incluso inválidos) desarrollar repentinamente un organismo sano cuando hacen algo que les encanta y consiguen algún éxito en ese campo?

Poca gente se da cuenta de que sus males son, en gran medida, autoinducidos. Adquieren el hábito de no sentirse bien. Si se levantan por la mañana con un ligero dolor de cabeza o cualquier otra indisposición insignificante, en lugar de intentar superar este achaque obtienen un placer positivo hablando de su dolor con cualquiera que les escuche. En lugar de combatir la tendencia a la enfermedad llenando sus pulmones de aire puro y fresco toman unas píldoras contra el dolor de cabeza o cualquier otro medicamento que diga curar aquella enfermedad o mal que creen padecer. Empiezan a sentir lástima de sí mismos e intentan atraer la compasión en los demás. Inconscientemente, detallando y habitando en sus síntomas, refuerzan las primeras sugerencias sencillas sobre la enfermedad con todo un ejército de pensamientos, miedos e imágenes de enfermedades hasta que acaban siendo incapaces de llevar a cabo el trabajo cotidiano.

Hay gente que se preocupa en exceso cuando se enfrenta a una enfermedad leve o a un dolor o achaque y se vuelve a meter en la cama para mimarse. Se quejan: «No me encuentro con fuerzas como para ir al trabajo». No obstante, es necesario que se adiestre a sí mismo para llevar a cabo sus tareas hasta completarlas, le gusten o no.

¿Qué sucedería si los ejecutivos, que se ven forzados a trabajar durante todo el día y que no disponen de tiempo ni de la oportunidad para mimarse cuando se sienten bajos de moral se convirtieran en esclavos de sus caprichos y sus antojos? Suponga que se dijeran a sí mismos: «Es probable que esté enfermo este verano, así que voy a prepararme para lo peor. Haré que me instalen un sofá en la oficina para poder tumbarme cuando me encuentre mal, y compraré un cargamento de medicinas para así estar preparado para cualquier emergencia».

La gente con sentido común consideraría una vergüenza incluso albergar tales pensamientos. Saben que si actuaran de esta manera su negocio pronto se derrumbaría. También saben, por experiencia, que no es buena idea rendirse cada vez que no se sientan de humor para hacer algo.

Suponga que un general encontrara a sus soldados holgazaneando por el campamento, tumbados debajo de los árboles y tomándoselo con calma porque no estuvieran de humor para hacer ejercicios de instrucción y hubieran decidido esperar a sentirse inspirados. ¿Qué tipo de ejército tendría? ¿Qué clase de disciplina? Los soldados deben formar filas y empezar su instrucción en el mismo instante en que se lo ordenen, se sientan con ganas o no. Si están realmente enfermos deben acudir al médico, pero si no están lo suficientemente enfermos como para estar en el hospital o bajo los cuidados de un doctor, deben realizar su instrucción.

En el momento en que se permita verse gobernado por sus estados de humor, abrirá la puerta a una gran cantidad de enemigos de su salud, su éxito y su felicidad. Por tanto, no simpatice con los pensamientos enfermizos, morbosos o perezosos bajo ninguna circunstancia. Si cede una sola vez a estos pensamientos, podría convertirse en su esclavo antes de darse cuenta.

Hay algunas personas que, de hecho, atraen a la enfermedad al pensar constantemente en ella. Están seguros de que si se mojan los pies pronto enfermarán por una neumonía o una gripe. Si resulta que están sentados unos minutos en un lugar en el que hay corriente, tienen la absoluta certeza de que los resultados serán nefastos y que acabarán con un resfriado o una irritación de garganta. Si tosen un poco ya tienen visiones horribles sobre el desarrollo de alguna enfermedad pulmonar. «¿Acaso no es cosa de familia?», piensan. Fijan imágenes de la enfermedad en su mente y, por tanto, reducen su capacidad para combatir las afecciones, haciendo que el cuerpo sea más susceptible justo a aquello a lo que temen.

La mejor salvaguarda que puede proporcionarse a sí mismo es la resolución de que será usted amo de sí mismo y no se verá dirigido por sus estados de humor ni por los caprichos de ningún tipo. Se encontrará con que si espera grandes cosas de sí mismo, siempre se exige hacer las cosas lo mejor posible y no acepta ninguna excusa del Sr. Hígado o el Sr. Estómago, su salud será mejor y conseguirá muchas más cosas que si permite que sus pensamientos le mantengan subyugado.

No lleva mucha práctica ser capaz de eliminar cualquier síntoma ordinario de la indisposición concentrándose firmemente en los pensamientos opuestos relativos a la salud y la alegría. Insista en que no se rendirá y que llevará a cabo su trabajo lo mejor que pueda, y es probable que antes de que haya llegado a la mitad de la mañana se sienta mejor. Cada pensamiento que tiene queda grabado en su cerebro, donde se filtra hacia su subconsciente y determina cómo responde su cuerpo. Esto no es una teoría, sino que es un hecho.

Hay gente que ha muerto porque pensaba que estaba gravemente herida, cuando, en realidad no sufría ninguna lesión. Por ejemplo, un hombre que pensaba que se había tragado una tachuela experimentó unos síntomas terribles, lo que incluyó una dolorosa inflamación de su garganta, hasta que descubrió que, de hecho, no se había tragado nada.

Hay cientos de casos similares en los que, simplemente, lo que se creía provocó un gran sufrimiento e incluso la muerte. Por otro lado, la enfermedad y las dolencias pueden evaporarse ante una gran emoción, una enorme alegría o incluso la inquietud. Por ejemplo, cuando Benvenuto Cellini iba a vaciar su famosa estatua de Perseo, desarrolló, repentinamente, fiebre y se vio forzado a volver a casa para guardar cama. En medio del sufrimiento de Cellini, uno de sus obreros entró corriendo y exclamó: «¡Oh, Benvenuto, tu estatua se ha echado a perder, y no hay esperanza alguna de salvarla!». Cellini se vistió apresuradamente y salió a la carrera a su horno, donde vio que su molde de metal se había resquebrajado. Pidió más madera seca de roble, encendió el horno, trabajó con ahínco bajo la lluvia y salvó su molde.

Cellini dijo: «Después de que todo acabara, ingerí un plato de ensalada en un banco allí mismo y comí y bebí con buen apetito junto con toda la cuadrilla. Después me retiré a mi cama (sano y feliz) y dormí tan maravillosamente como si nunca me hubiera afectado ninguna enfermedad». Su intenso deseo por salvar su estatua alejó a su enfermedad, dejándole con una salud perfecta.

Lo sorprendente es que la humanidad haya tardado tanto en comprender este poder de la mente sobre el cuerpo y en aplicarlo. Al igual que la electricidad, el poder de la mente siempre ha existido, pero es ahora cuando está empezando a ser reconocido y utilizado.

Los médicos reconocen el papel que desempeña la mente en la curación de la enfermedad, y se han escrito libros completos que documentan casos en los que el poder mental ha sido más eficaz que los medicamentos o la cirugía. Tal y como escribió Sir William Osler, uno de los padres de la medicina moderna:

> *El método físico siempre ha desempeñado un papel importante, aunque, en gran medida, poco reconocido, en la terapéutica. Es a partir de la fe, que eleva los espíritus, hace que la sangre fluya más libremente y hace que los nervios desempeñen su papel sin alteraciones, de donde surge buena parte de la curación. El abatimiento o la falta de fe harán que las constituciones más robustas se hundan hasta alcanzar, prácticamente, las puertas de la muerte; pero la fe hará que una cucharada de agua o una píldora de pan obren prácticamente el milagro de la curación cuando las mejores medicinas se han dejado de administrar debido a la desesperación por su ineficacia. La base de toda la profesión médica es la fe en el doctor, en sus fármacos y en sus métodos.*

De forma similar, el psiquiatra y neurólogo Smith Ely Jelliffe apuntó:

> *El poder de curar mediante la fe no es una propiedad especial de ninguna clase o secta ni es un derecho exclusivo de ningún sistema. La creencia en dioses y diosas,*

el rezar a ídolos de madera y piedra, la fe en el médico y la creencia en nosotros mismos engendrada desde el interior o desde el exterior son, todas ellas, expresiones del gran valor terapéutico de la curación que reside en la influencia de los estados mentales sobre las funciones corporales. Estos estados mentales no moverán montañas ni curarán la tuberculosis, tampoco influirán en una pierna rota ni sobre la parálisis de un órgano; pero la sugestión, en sus distintas formas, puede ser, y es, una de las mayores ayudas a todas las medidas terapéuticas. El espacio del que disponemos no nos permite hacer particularizaciones sobre su abuso por parte de intrigantes hipnotizadores, chantajistas, clarividentes y de todo un grupo variopinto de parásitos. La mente humana es crédula (cree aquello que quiere o desea creer), y el uso de la sugestión en la terapéutica tiene gran poder tanto para lo bueno como para lo malo.

Poca gente se da cuenta de cuánto depende su salud de la cordura de su pensamiento. De hecho, no puede usted tener pensamientos sobre la enfermedad en su mente sin que éstos se manifiesten en su organismo. La armonía no puede existir en el cuerpo si la enfermedad está presente en la mente.

A modo de experimento, intente pensar en usted mismo como en un ser absolutamente perfecto, con una salud excelente, un cuerpo magnífico, una constitución vigorosa, una mente sublime y la capacidad de soportar cualquier presión. Nunca se permita tener una idea defectuosa o lisiada de sí mismo: no piense, ni por un instante, en un modelo de salud tan imperfecto, ya que estos patrones mentales se verán reproducidos gradualmente en su estado físico.

Los bibliotecarios informan de que hay una increíble demanda de libros médicos por parte de los lectores. Mucha gente que se imagina que padece una enfermedad concreta suele desarrollar una curiosidad o un deseo morboso por leer todo lo que puede sobre el tema. Cuando descubren (como suelen hacerlo) que padecen algunos de los síntomas de la enfermedad sobre la que están leyendo, la convicción de que están realmente enfermos queda todavía más anclada en su mente. La fuerza de esta creencia suele ser uno de sus mayores obstáculos para su curación.

Deberíamos evitar pensar en nuestras afecciones o estudiar nuestros síntomas. Los médicos nos dicen que aquellos que se autodiagnostican, que se analizan constantemente y que siempre están atentos al más mínimo síntoma de enfermedad no pueden disfrutar nunca de una salud perfecta. En lugar de ello debemos mantener un ideal elevado de salud en nuestra mente y combatir cada pensamientos discordante y a cada enemigo de la armonía del mismo modo en el que lucharíamos contra una tentación para cometer un crimen. Nunca debemos afirmar ni repetir nada sobre nuestra salud que no queramos que sea verdad.

Las personas nerviosas y con una imaginación vívida rara vez ven la vida de forma perfectamente cuerda. Tienen una gran tendencia a volverse morbosos y a hacer una montaña de un grano de arena. Exageran cada pequeño dolor o achaque y lo interpretan como un síntoma de algo peor que está por venir. Si sus parientes fallecieron debido a la arterioesclerosis, el cáncer o cualquier otra enfermedad temida, la convicción de que es probable que desarrollen uno de estos males se pega a ellos como un paño mortuorio, afecta gravemente a su salud y paraliza su eficiencia.

¡Qué terrible tener que pasar por la vida con una pesadilla tal mirándole fijamente a la cara! Qué terrible que es vivir con el espectro de la muerte constantemente a su lado... arrastrarse a lo largo de los años creyendo que no va a vivir mucho y que lleva en su interior las semillas de una terrible enfermedad que puede desarrollarse en cualquier momento.

Piense en una persona que pasa años estudiando en la universidad y formándose para desempeñar una carrera laboral, perseguida todo el tiempo por la posibilidad de poder ver todo esto desbaratado por el desarrollo de alguna espantosa enfermedad hereditaria que podría dar como resultado una muerte prematura. Esto sería suficiente para matar la ambición de Napoleón.

Hay personas con una salud delicada que suelen mantener pensamientos enfermizos y discordantes en su mente. Siempre están pensando y hablando acerca de sus dolencias. Se regodean con sus síntomas, los observan y los estudian hasta que desarrollan los problemas que esperan. De acuerdo con la ley de la mente, lo parecido genera cosas parecidas: no puede producir nada más.

Muchos individuos no sólo inutilizan su eficiencia, sino que se mantienen enfermos alimentando constantemente su mente con sugestiones negativas como: «Hoy no me siento bien», «Me siento abatido», «Estoy enfermo» o «Es la estación de la gripe».

Si se sigue diciendo a sí mismo: «Soy desdichado y estoy débil y enfermo» o «Siempre me siento agotado», ¿cómo puede esperar convertirse en alguien fuerte y encontrarse bien? La salud y el vigor nunca acudirán a usted si insiste perpetuamente en sus debilidades y siente lástima de sí

mismo debido su mala salud. La salud es integridad, plenitud y compleción. Si habla sobre cualquier otra cosa, eso es
lo que obtendrá en lugar de lo comentado.

Imagine que es usted un abogado defendiendo la causa
de su salud. Invoque cualquier pequeña prueba que pueda
encontrar. No regale el caso a su oponente. En lugar de ello
defiéndalo vigorosamente con todas las fuerzas de las que
disponga. Se sorprenderá de ver cómo su cuerpo responde
a estas afirmaciones llenas de energía.

En una ocasión, un médico que pasaba por la sala de
un hospital le dijo, sin pensar, a su enfermera y en un tono
de voz lo suficientemente alto como para que el paciente
llegara a oírlo: «Ese hombre no sobrevivirá». Resulta que el
paciente conocía el poder de la mente como reconstituyen-
te y le dijo a la enfermera con gran énfasis: «*Sobreviviré*», y
se recuperó por completo.

No nos damos cuenta de cuánto nos mermamos a nosotros mismos y cómo destrozamos nuestra resistencia
centrándonos en ideas relativas al debilitamiento físico.
Cuando aprendamos que la mente es su propio tónico, no
necesitaremos narcóticos ni fármacos de ningún tipo. Es
sólo cuestión de mantener unos pensamientos armoniosos
y amorosos: cuando éstos dominan la mente, los pensamientos enemigos que destrozan y destruyen la buena salud no podrán entrar.

Al final del día deberíamos poder desconectar todos los
procesos de pensamiento industrioso que agotan los nervios y dejan al cerebro sin energía. Entonces podremos
empezar a recuperarnos para el día siguiente y regenerar
nuestra fuerza vital. Si pudiéramos mantener en nuestra
mente, en todo momento, el ideal de una salud completa,

de plenitud y de perfección, entonces no habría espacio para albergar pensamientos enfermizos y de debilidad.

En pocas palabras

Con una salud de hierro y una intensa determinación, puede usted conseguir grandes cosas. No obstante, no importa cuánta ambición tenga: si arruina su salud debido a unos malos hábitos destrozará sus mejores oportunidades para conseguir algo importante. Es responsabilidad suya cuidar de su organismo. Debe hacer que sea una prioridad consumir alimentos adecuados y seguir un programa de ejercicios que mantenga sus músculos tonificados y su cuerpo fuerte. Debe hacer que sea una cuestión importante consumir bebidas alcohólicas siempre con moderación y eliminar de su vida el tabaco y otros hábitos perniciosos para su salud.

La buena salud sólo puede asentarse pensando en el bienestar en lugar de en la enfermedad, en la fuerza en vez de en la debilidad, en la armonía en lugar de en la discordia, en la verdad en vez de en el error y en el amor en lugar de en el odio. Desarrollamos un yo físico vigoroso concentrándonos en los pensamientos constructivos en lugar de en aquellos que nos destruyen.

La convicción de que deberíamos ser nuestros propios amos bajo cualquier circunstancia nos protegerá de muchos de los males de los que somos víctimas. Si tenemos pensamientos enfermizos atraeremos a las afecciones. Si tenemos pensamientos saludables atraeremos la buena salud.

Intente recordar que la verdad, la salud y la armonía no es que estén muy lejos de usted, sino que están siempre con usted: *en* usted. Darse cuenta de que siempre están presentes le resultará de gran ayuda.

Hay gente con una salud delicada que suele albergar en su mente pensamientos enfermizos y discordantes. Siempre están pensando y hablando acerca de sus males. Se regodean con sus síntomas, los estudian y los buscan, hasta que padecen los problemas que esperan, ya que lo parecido genera cosas parecidas.

Pensar en la buena salud en lugar de en la enfermedad podría curar a muchos enfermos, ya que el pensamiento positivo es la mejor panacea del mundo.

Mientras conserve un ideal juvenil, vigoroso, lleno de energía y creativo en su mente, su cuerpo responderá generando una salud excelente.

Capítulo 2

Desarrollando su consciencia curativa

En el capítulo anterior aprendió acerca de la importancia de desarrollar unos hábitos saludables y de condicionar su mente para que tenga pensamientos positivos y dadores de vida. Si cree de verdad que está usted sano lo estará. Esto no es un concepto nuevo o moderno: fue predicado y demostrado en tiempos antiguos y en muchas religiones.

Sólo hay un Poder Curativo, aunque recibe muchos nombres, como Dios, la Presencia Curativa Infinita, el Amor Divino, la Providencia, la Naturaleza y el Principio de la Vida. En la Biblia, este Poder es llamado «Padre». Es el agente curador de todas las enfermedades, ya sean mentales, emocionales o físicas. Dirige a su subconsciente y puede sanar su mente y su cuerpo y todas las enfermedades e impedimentos. El Poder Curativo le responde independientemente de su raza, su credo o su color. No le importa si es usted miembro de una iglesia o si tiene alguna afiliación religiosa.

Usted ha experimentado cientos de curaciones desde que era niño. Puede recordar cómo la Presencia sanó sus cortes, quemaduras, cardenales, contusiones, esguinces, etc. Con toda probabilidad, no tuvo que aplicar usted ningún remedio externo: el Poder Innato del interior de su cuerpo sabía exactamente lo que tenía que hacer.

Cuando Susan K. vino a verme estaba extremadamente alterada. A su hija le habían diagnosticado una dolencia inusual y tenía mucha fiebre. El médico le había administrado fármacos e inyecciones, pero nada parecía ser de ayuda.

Susan me contó que ella y su marido estaban en el proceso de divorciarse y que se sentía terriblemente angustiada. Le expliqué que le estaba transmitiendo, subconscientemente, estos sentimientos de aflicción a su hija que, naturalmente, enfermó. Los hijos están a merced de sus progenitores y se ven muy influenciados por la atmósfera mental y emocional dominante que hay a su alrededor. Todavía no han alcanzado la edad de la razón, que es cuando pueden tomar el control de sus pensamientos, emociones y reacciones ante la vida.

Sugerí a Susan que aliviara su tensión leyendo el Salmo 23 y rezando por la paz y la armonía en su esposo. Vertió amor y buena voluntad hacia él y superó su ira. Una vez hubo tranquilizado su propia mente, empezó a rezar por su hija de la siguiente forma: «El Espíritu es la vida de mi hija. El Espíritu no tiene fiebre. Nunca está enfermo ni afiebrado. La paz de Dios fluye a través de la mente y del cuerpo de mi hija. La armonía, la salud, el amor y la perfección de Dios se ponen de manifiesto en cada átomo de su cuerpo. Está relajada y serena. Ahora estoy removiendo el regalo de Dios que hay en su interior y todo está bien».

Susan repitió la oración anterior cada hora durante varias horas. Poco después apreció un cambio notable en su hija, que se despertó y pidió una muñeca y algo de comer. Su temperatura volvió a la normalidad. ¿Qué había sucedido? La niñita había mejorado porque su madre no tenía fiebre ni estaba agitada en el interior de su mente. La niña sintió al instante su estado de paz, armonía y amor, y se produjo una reacción correspondiente.

Todos somos curanderos naturales por la sencilla razón de que la Presencia Curativa de Dios está dentro de todos y responde a todo el mundo. Puede conectar sus pensamientos con Ella, así que no permita que la palabra *incurable* le amedrente. Dese cuenta de que está tratando con la inteligencia creativa que generó su cuerpo. Aunque algunas personas dirán que la curación es imposible, tenga la seguridad de que la Presencia Curativa Infinita está disponible al instante. Siempre puede recurrir a Su poder a través de la ley creativa de su propia mente. Haga uso ahora de la Fuente Divina para llevar a cabo milagros en su vida. Con Dios todo es posible. *Te devolveré la salud y curaré tus heridas, dice el Señor.*

Puede traer a su vida cualquier cosa que desee a través de la Presencia Curativa Infinita.

Millones de personas que manifiestan ser religiosas suelen hacer afirmaciones como: «Mi hijo tiene una afección incurable» «No tiene ninguna esperanza» o «No puedo ser curado». Al mismo tiempo, dicen que con Dios todo es posible. Se están contradiciendo. De hecho, cuando niega usted a la Presencia Curativa Infinita, está pensando como un ateo. Dios creó el cuerpo a partir de una célula, conoce todos sus procesos y funciones y, ciertamente, puede curar su organismo. *Por supuesto, Él, que ha creado el ojo, ¿acaso no puede ver? Él, que ha creado el oído, ¿acaso no puede oír?*

Puede utilizar la Presencia Infinita para cualquier fin, y no sólo para sanar el cuerpo o la mente. Es el mismo Poder que atrae al marido o a la esposa ideal hacia su vida, hace que prospere usted en su trabajo y le revela las respuestas a sus problemas más difíciles. Mediante la correcta aplicación de la ley de la mente puede convertirse en un gran vendedor, músico, artista o cirujano. También puede utilizar la Inteligencia Infinita para reemplazar la discordia por armonía, el dolor por paz, la tristeza por alegría y la pobreza por abundancia.

Hay tres pasos en el proceso de curación. El primero consiste en no tener miedo de la enfermedad que le afecta. El segundo es darse cuenta de que el problema es sólo el producto del pensamiento pasado, que ya no tendrá más poder mientras siga usted llevando a cabo afirmaciones espirituales. El tercer paso consiste en exaltar mentalmente el Poder Curativo milagroso de Dios en su interior.

Siga estos tres pasos y detendrán al instante la producción de todos los venenos mentales en usted o en la persona por la que está rezando. Sus pensamientos y sus sentimientos pronto se pondrán de manifiesto. No se permita verse influido por las opiniones de las personas y los miedos mundanos, pero viva en la creencia de que Dios está en acción en su mente y su cuerpo. Tal y como dice la Biblia: «El reino de los cielos está a tu alcance. Cura a los enfermos, sana a los leprosos, hace que los muertos resuciten y expulsa a los demonios. Has recibido con copiosidad: da con copiosidad».

La mala salud es una falta de unión con Dios. Indica una separación de lo Divino. No obstante, puede devolver a su subconsciente la plenitud, la belleza, la paz y la serenidad llenando su mente consciente de patrones dadores de vida, de armonía, salud y acciones correctas. Enseñe a su mente a renunciar a sus ilusiones, su resentimiento y su antagonismo. No puede usted verse curado si está obsesionado con el resentimiento, el odio y la autocondenación. Es imposible. Debe usted renunciar a todas estas ideas falsas y aceptar que el reino de los cielos está a su alcance y que es usted una expresión de la inteligencia, la sabiduría, el poder y el amor ilimitado de Dios.

Deséeles a todos aquello que desea para usted: salud, felicidad, paz y todas las bendiciones de la vida. Perdónese por albergar pensamientos negativos y absuelva a todos los que crea que le han hecho daño. Entonces creará un vacío y el Espíritu Santo de Dios entrará de repente y le curará. Acepte el hecho de que el Espíritu que hay en su interior es Dios. Es la Única Causa y, por tanto, no debería darle usted poder a cosas externas (a las condiciones climáticas, a los políticos, a sus vecinos, a los gérmenes o a cualquier otra cosa). Cambie de mentalidad y transformará su cuerpo.

Llene su mente con las verdades de Dios y echará de ella cualquier cosa que no tenga que ver con Él. Es como echar gotas de agua limpia en un cubo lleno de agua sucia. Con paciencia, acabará teniendo un cubo lleno de agua limpia del que podrá beber. Cuando llene su mente de verdades eternas (todo aquello que sea verdadero, encantador, noble y bueno) arrasará todo lo que no tenga que ver con Dios y se dará la curación. Sus pensamientos positivos son como una penicilina espiritual que destruirá a las bacterias del miedo, la preocupación y la ansiedad.

La persistencia y la repetición obran milagros. Reitere las grandes verdades, como por ejemplo:

El Poder Curativo de Dios fluye ahora a través de mí curándome y convirtiéndome en un ser pleno. La Presencia Infinita me creó y sabe cómo curar. Comprende todos los procesos y las funciones de mi organismo. Afirmo que el Espíritu Santo está fluyendo a través de mí ahora, animando, manteniendo, curando y restaurando todo mi ser hacia la plenitud, la belleza y la perfección.

La Presencia Curativa restaura su alma, que es su subconsciente. No importa cuál sea el problema: se trata, únicamente, de un patrón negativo alojado en los recovecos de su mente más profunda. Como lo más bajo se ve sujeto a lo más alto, mientras «emocionaliza» sus pensamientos y alimenta a su subconsciente con patrones generadores de vida, de plenitud, belleza y perfección, éste no tiene más alternativa que limpiarse. A continuación vendrá la curación.

Es inútil elevar una petición a Dios y suplicar la curación. Dios no responde a su ruego o a su súplica, sino a su fe y a su convicción. *Según crea, así se hará en usted.*

La curación viene tras un verdadero cambio en la mente y el corazón. Anúnciele el reino de los cielos a su propia mente. Enseñe a su subconsciente a abandonar el miedo, el odio, el resentimiento y las falsas creencias, y a no juzgar según las apariencias. No dé poder a las condiciones externas, sino al Espíritu Divino que hay en su interior, permitiendo que fluya a través de usted.

Si tiene un mal concepto de sí mismo, se encontrará enfermo, frustrado y neurótico. Por otro lado, si se imagina a sí mismo como alguien exitoso y pleno, el ver como su médico le felicita por su perfecta salud hará que su visión se manifieste. Cuando le reitera a su mente, regular, sistemática y vigorosamente que el reino de la armonía, la salud, la paz, la sabiduría, la belleza y el amor ilimitado está en su interior, su visión se elevará, su fe despertará y las curaciones se desplegarán en su vida. *Todas las cosas están preparadas si la mente lo está.*

Algunas personas acuden a mí quejándose de que se ven angustiadas por voces que, periódicamente, les hacen cometer actos maliciosos. Dicen que estas voces no les dejan en paz y que no pueden eliminarlas, ni siquiera a través de las oraciones o la lectura de la Biblia. Están convencidos de que estos mensajes proceden de seres sobrenaturales o de espíritus difuntos que han poseído su mente. De hecho, su mente subconsciente ha quedado dominada por un pensamiento potentísimo y negativo. Aunque el subconsciente posee poderes ilimitados, es susceptible a las sugestiones positivas y a las perniciosas. Para superar esto debe reprogramar su subconsciente con pensamientos constructivos y armoniosos.

Recomiendo a estas personas que memoricen la siguiente meditación y que la repitan varias veces al día:

El amor, la paz, la armonía y la sabiduría de Dios inundan mi mente y mi corazón. Amo la verdad, oigo la verdad y conozco la verdad. Sé que Dios es amor, y Su compasión me rodea y me envuelve. El río de la paz de Dios inunda mi mente y doy gracias por mi libertad.

Les recomiendo que reciten esta plegaria lentamente, con gran respeto y con un sentimiento profundo, especialmente antes de irse a dormir. Mediante su identificación con la armonía y la paz modifican sus patrones de pensamiento y las imágenes de su mente y a continuación llega la curación.

Phineas Parkhurst Quimby, uno de los primeros defensores de la curación mental, afirmó hace más de cien años que el cuerpo actúa de la misma manera en que se actúa sobre él. Está compuesto por una sustancia primordial y es moldeado por el pensamiento. No tiene iniciativa ni volición propia en su interior, sino que se manifiesta de acuerdo con los pensamientos con que le alimenta usted. Por ejemplo, suponga que sus pensamientos están llenos de miedo, ansiedad y preocupación. Podría muy bien verse afectado por una gastritis, que consiste en una inflamación del estómago, o por úlceras. Los médicos actuales nos dicen que las emociones negativas pueden provocar todo tipo de enfermedades. Si un cirujano le elimina las úlceras pero sigue usted preocupándose, echando chispas y despotricando, incluso aunque siga una dieta blanda, volverán a salirle úlceras. Por tanto, la cirugía no es la verdadera respuesta, sino que lo es un cambio de mentalidad. Miles de personas se curan de varias enfermedades llenando su mente con la verdad de Dios, concentrándose en la paz y la armonía, y pensando en aquello que es justo, encantador, puro y bueno.

No hay enfermedades incurables. Lo que hay son personas incurables que creen que no pueden ser curadas. Mucha gente se ha visto sanada de unos tumores malignos, mientras que otras no lo han conseguido debido a la intensidad del miedo enterrado en su mente subconsciente.

La consciencia del amor es el mayor poder curativo del mundo. Hay mucha gente con muy poca formación académica y que no tiene conocimientos de anatomía ni de fisiología, pero que tiene una enorme consciencia con respecto al amor. Estas personas son unas curanderas maravillosas. Los médicos, los cirujanos y otras personas quedan sorprendidos por las fantásticas curaciones llevadas a cabo por estos individuos a través de la consciencia del amor. Estos trabajadores milagrosos contemplan las maravillas de la Inteligencia Infinita que guía a los planetas y que hace que el sol brille. Son conscientes de la indescriptible belleza de Dios, de la armonía absoluta en la naturaleza y del amor Divino que fluye a través de todos nosotros, incluyendo a la madre que intenta curar a su hijo de la poliomielitis, y al soldado que da su vida en la batalla para salvar a sus compañeros. Las personas con esa consciencia del amor (que comprenden que la voluntad de Dios para con todos es la vida, el amor, la verdad y la belleza) son las mejores curanderas.

La Dra. Helen Flanders Dunbar, una distinguida psiquiatra que también obtuvo titulaciones en teología, escribió un libro titulado *Emotions and Bodily Changes: A Survey of Literature on Psychosomatic Interrelationships*. En esta obra, describe un caso en el que una mujer empezó a perder capacidad visual después de que su hermana fuera ingresada en un manicomio. Esta mujer se sentía culpable porque creía que no había ayudado suficientemente a su hermana, y quería castigarse. Decía: «No traté bien a mi hermana. Debía haber sido más agradable y comprensiva con ella», etc. Cuando los médicos le dijeron que no era su culpa que su hermana hubiera ingresado en una institución psiquiátrica, volvió a recuperar su paz interior y recuperó su capacidad visual totalmente. Se dio cuenta de lo que se estaba haciendo a sí misma y de que tenía que perdonarse a sí misma y a su hermana.

La Dra. Dunbar escribe también que la piel (más que cualquier otra parte del cuerpo) refleja la relación de los pensamientos, los sentimientos y las emociones de su mente con su salud. La Dra. Dunbar resalta que la piel es el lugar en el que el mundo interior se comunica con el exterior. Apunta que los trastornos cutáneos suelen ser provocados por las emociones reprimidas, la ira o la autocondenación.

Hace algunos años, un cirujano amigo mío tenía unas úlceras en su mano derecha. Mientras estábamos hablando un día, me dijo: «¿Sabes?, esta mano no sanará. Lo he probado absolutamente todo. He acudido a especialistas, he usado ungüentos y lociones, y he probado todo tipo de terapias, pero estas úlceras no desaparecen».

Le pregunté: «¿Has hecho algo de lo que te sientas culpable?».

«Sí», me contestó, y se sonrojó, «pero eso fue hace años, cuando era un médico interno».

«¿Harías lo mismo ahora?», le dije.

«No, no lo haría», me replicó.

«Bien», le dije, «estás condenando a un hombre inocente. No eres la misma persona que eras entonces. Mentalmente eres diferente, ya que tienes una visión nueva de la vida. Físicamente no eres el mismo, ya que cada once meses generamos un cuerpo nuevo, incluso los huesos. Y espiritualmente no eres, ciertamente, la persona que eras. Por tanto, estás juzgando con dureza a un alma inocente».

«La Presencia de Dios no condena: Su tendencia es la de curar. Si te cortas, Ella te cura; si te quemas, Ella reduce el edema y genera una piel y unos tejidos nuevos. La voluntad de Dios para con todos es la vida, el amor, la verdad y la belleza... algo que trasciende a sus sueños más queridos. La tendencia de la vida es curar y restaurar, incluso al psicótico o al que está loco de atar. La vida quiere hacer que esa persona recupere la armonía, la salud y la paz. Ése es el movimiento, el ritmo y la forma de proceder de la Presencia Divina. Dios es el Principio de Vida que anima a todas las personas. No puede estar enfermo ni sentirse frustrado. Quiere expresarse a través de usted en forma de orden, belleza y bienestar; pero usted se está condenando a sí mismo, y mientras lo haga no podrá ser sanado. Su autocondenación está bloqueando la curación. Es como si la tubería de su fregadero estuviera embozada con desechos, corrosión y óxido. El agua está esperando pasar por la tubería, pero no puede».

Mi explicación fue la cura. Al cabo de una semana, las úlceras del médico habían sanado, y pudo realizar operaciones de nuevo. Además, pudo volver a tocar el violín, cosa que le encantaba hacer. Su autocondenación y sus sentimientos de culpabilidad habían evitado que su mano realizara curaciones durante dos años, pero ahora está completamente sano.

Cuando se siente usted culpable, cree que debe ser usted castigado, y entonces experimenta miedo y la incapacidad de curar. Todo esto es provocado por una falsa creencia. Los autores de la Biblia comprendieron estas verdades hace miles de años. Escribieron: «Tal y como un hombre piensa en lo más profundo de su corazón, así es él». El corazón es su mente subconsciente y la sede de las emociones. Hay muchos pensamientos enterrados en su mente que tienen una vida propia. Estas creencias y asunciones subconscientes dictan y controlan todas sus acciones conscientes y tienen una gran influencia sobre su salud.

Los alcohólicos no pueden ser curados si no se desprenden de la autocrítica, la culpabilidad y del odio por sí mismos y por los demás. Deben desprenderse de todo esto y tener buena voluntad en su corazón para con todos, ya que el amor es la satisfacción de la ley de la salud y de la armonía. Deben verter amor y paz y desear a todos los seres vivos del mundo lo que desean para sí mismos. Siempre pueden saber cuándo han perdonado a alguien, ya que pueden visualizar a cada persona en su mente sin sentir las punzadas del resentimiento. En lugar de ello experimentan una oleada de bienestar y de dicha.

La curación espiritual es real. Diríjase a la Presencia Curativa milagrosa de su interior y dese cuenta de que ahora está expresándose través de usted en forma de plenitud, belleza y perfección. Mientras llena su mente con estas verdades de Dios, y perdona a todos (incluido usted mismo), experimentará unas curaciones maravillosas. Por ejemplo, al Padre Jameson, un pastor episcopal, le diagnosticaron un cáncer. Su cirujano le dijo que se había metastatizado por todo el organismo. El Padre Jameson pidió a los miembros de su congregación que rezaran por él, y él también rezó por sí mismo. Se sometió a radioterapia y sufrió un dolor espantoso, pero al final el cirujano le dijo que el cáncer estaba desapareciendo. El pastor experimentó una curación completa, y cinco años más tarde está completamente sano. Creyó en que el Poder Todopoderoso que creó su cuerpo podría curarle, y se restableció.

Si se aferra usted a la ignorancia, la superstición, el miedo y la creencia de que Dios desea que usted sufra, no sanará. ¡Eso es equivalente a la ceguera! Dese cuenta de que es normal y natural que esté usted sano y alegre y que sea feliz y libre. Sepa que su cuerpo es un instrumento en el que Dios habita y que es usted el tabernáculo del Dios Viviente. La Presencia Divina está en su interior, y pueden darse maravillas en su vida mientras empieza usted a volverse hacia ella. *Gran paz tienen aquellos que aman la ley. Y nada les ofenderá. Con mis ojos puestos en Ti no hay maldad en mi camino.*

El Dios Divino siempre está en su interior. Dese cuenta ahora de que el Poder Curativo milagroso hace añicos todos los problemas y permite que el Poder Curativo de Dios fluya a través de usted ahora.

Millones de personas están psicológica y espiritualmente ciegas porque no saben que se convierten en aquello en lo que piensan durante todo el día. No se dan cuenta de que cuando sienten odio, resentimiento o envidia, están, de hecho, secretando venenos mentales que tienden a destruirles. Ésa es su enfermedad. Toda enfermedad es provocada por la falta de paz y por la animadversión. Están pensando, constantemente, que no hay forma de solventar sus problemas y que su situación no tiene remedio. Dicen: «Dios no puede curarme».

Esta actitud es el resultado de una ceguera espiritual. Sólo empezará a ver con claridad cuando vuelva a comprender sus poderes mentales y a desarrollar la consciencia de que la sabiduría y la inteligencia de su subconsciente pueden resolver todos sus problemas. Sí, el Poder Curativo de Dios está en su interior, y se darán maravillas en su vida mientras empieza a decir: «Dios, en medio de mí, me está curando ahora».

Todos deberíamos ser conscientes de la relación entre la mente consciente y la subconsciente. Después de una introspección cuidadosa, la gente que antes era ciega a las verdades eternas empezará a ver que la salud, la riqueza y la tranquilidad de espíritu pueden ser suyas mediante la correcta aplicación de las leyes de la mente y del camino del espíritu.

Sólo hay Un Principio Universal Curativo operando a través de todo. Se encuentra en el perro, el gato, el árbol, el ave y la tierra. Es la vida de todas las cosas. Hay muchas formas de utilizar el Poder Divino, pero todas se basan en tener fe. *Según sea su fe, así se hará en usted.* Esta ley siempre está en funcionamiento, ya sea usted consciente de ella o no. No obstante, es mucho mejor saber que está usted utilizando la ley y cómo la está aplicando.

El tratamiento espiritual significa que se vuelve usted hacia el Dios que habita en su interior y se recuerda a sí mismo la paz, la armonía, la plenitud, la belleza, el amor infinito y el poder ilimitado del Espíritu Infinito. Sepa que Dios le ama y se preocupa por usted. Mientras reza de esta manera, sus miedos se irán desvaneciendo gradualmente. *Todo es posible para aquel que cree.*

Si reza en referencia a un problema cardiaco, no piense en este órgano como en un órgano enfermo, ya que los pensamientos son cosas. Su pensamiento espiritual toma la forma de células, tejidos, nervios y órganos. Por tanto, centrarse en un corazón afectado o en una presión sanguínea elevada tiende a agrandar el problema. Deje de morar en los síntomas, la enfermedad o en cualquier parte del cuerpo. Vuelva su mente hacia Dios y Su amor. Sienta y sepa que sólo hay una Presencia y un Poder Curativos y que nada puede bloquear la acción de la Inteligencia Infinita. Afirme, con amor, que el poder elevador y fortalecedor de la Presencia Curativa Infinita está fluyendo a través de usted ahora, haciendo que sea usted un ser pleno. Sienta, ahora, que el Poder Todopoderoso se manifiesta en usted en forma de fortaleza, paz, vitalidad, plenitud y acciones correctas. Comprenda esto claramente, y el corazón lesionado u otros órganos enfermos se verán curados a la luz del amor de Dios. Dios, en su interior, le está curando ahora. Glorifíquele en su cuerpo ahora y para siempre.

En pocas palabras

Sólo hay Un Poder Curativo, aunque tiene muchos nombres, como Dios, la Presencia Curativa Infinita, el Amor Divino, la Providencia, la Naturaleza o el Principio de la Vida.

Todos somos curanderos natos por la sencilla razón de que la Presencia Curativa de Dios se encuentra en el interior de todas las personas. Todos podemos contactar con nuestros pensamientos, y Él nos responde a todos.

Hay tres pasos en el proceso de curación. El primero consiste en no tener miedo del problema que le aqueja. El segundo consiste en darse cuenta de que la enfermedad es, simplemente, el producto de los pensamientos pasados, que no tendrán más poder mientras siga usted llevando a cabo el tratamiento de la oración afirmativa. El tercer paso consiste en exaltar mentalmente el Poder Curativo milagroso de Dios en su interior.

55

No sirve de nada pedir a Dios y rogar por la curación. Dios no responde a los ruegos o a las súplicas, sino a su fe, su convicción y su comprensión. La curación espiritual es real. Es el Poder Creativo que hay en su interior y que le creó. Diríjase a la Fuente Divina y dese cuenta de que ahora se está expresando en forma de plenitud, belleza y perfección. Mientras llena su mente con estas verdades de Dios y perdona a todos (incluido usted mismo) experimentará unas curaciones maravillosas. Vuelva su mente hacia Dios y su amor. Sienta y sepa que sólo hay una Presencia y Poder Curativos. Sea consciente de que la Inteligencia Infinita se manifiesta en usted en forma de fuerza, paz, vitalidad, plenitud y acciones correctas. Dese cuenta, claramente, de esto, y todas las enfermedades se verán curadas a la luz del amor de Dios. Dios, en su interior, le está curando ahora.

Capítulo 3

«Todo el mundo se cree una mentira»

«Todo el mundo se cree una mentira, por lo que cuando digo una verdad, cree que estoy contando una mentira», afirmaba Phineas Parkhusrst Quimby. Quimby fue uno de los grandes curanderos de América, y esta era una de sus afirmaciones favoritas.

¿Cuál es la mentira? Bien, la gran mentira es, por supuesto, que las cosas externas son causativas. Ahora, el pensador científico no dará poder al mundo de los fenómenos, que es un efecto en lugar de en una causa. No: el pensador racional da poder al *Creador*, y no a la creación. Tal y como se nos dijo en la Biblia: «Escucha, Israel: el Dios nuestro Señor es uno». Hay *Un* Poder, no dos, ni tres, ni mil. La Presencia y el Poder Infinitos se encuentran en su interior y, por tanto, no está usted sujeto a fuerzas que se encuentran fuera de usted.

Algunas personas creen que el aire nocturno puede provocarles un resfriado o una neumonía. ¡Tonterías! El aire nocturno está compuesto por oxígeno, nitrógeno, helio y algunos gases más. Es completamente inocuo. El aire nocturno nunca dijo: «Te provocaré un resfriado o que moquees». Hay personas que creen que si se mojan los pies se constiparán. ¡Eso es ridículo! El agua es inofensiva. No puede hacerle enfermar, y no debería usted atribuirle ninguna influencia sobre las enfermedades. Las mujeres, los niños, el Sol, la Luna y las estrellas también son cosas creadas, y tampoco debería darles poder.

La verdad es tal y como dice la Biblia: «Tal y como piense un hombre en lo más profundo de su corazón, así es él». Sus pensamientos y sentimientos crean su destino. Su corazón es su subconsciente, y lo que grabe en él se manifestará a modo de forma, experiencias y eventos.

Shakespeare escribió: «No hay nada malo ni bueno: el pensar lo hace así». Ésa es una verdad absoluta. Algunas personas dicen: «Las fresas me provocan alergia». Bien, si eso fuera verdad, toda la gente del mundo que comiera fresas se vería afectada por la alergia… pero no es así. Las personas que manifiestan una reacción alérgica tal han creado una ley para ellos mismos y han tenido una mala relación con las fresas. Cuando dicen: «Las fresas me provocan alergia», se trata de una orden que se dirige a su subconsciente. Cuando consumen esta fruta su subconsciente ve a las fresas aproximarse y dice: «El jefe quiere alergia». Y la mente más profunda prosigue para provocarles una alergia.

Éste es el tipo de ley que la gente crea para sí misma. Puede usted decir: «No puedo comer setas porque me provocan indigestión aguda». Ésa es una ley que ha creado usted para sí mismo. Millones de personas comen setas sin enfermar. Si se tratara de una ley, todo el mundo sufriría ese problema.

De forma similar, hay gente que dice que la altamisa le provoca asma o fiebre del heno. Si se tratara de una ley cósmica, todos los habitantes de este planeta que entraran en contacto con esta planta empezarían a lagrimear y sufrirían un ataque de alergia. Esto equivale a que una mujer diga: «Soy alérgica a las rosas rojas». Si la hipnotiza, le coloca un vaso con agua destilada debajo de la nariz y le dice: «Esto es una rosa roja», desarrollará todos los síntomas ahí mismo, delante de usted. ¿Dónde está la alergia? ¿Acaso no está en su propia mente? ¡Seguro que no se encuentra en el agua destilada! La altamisa es la misma sustancia que su flujo sanguíneo, ya que sólo hay Una Sustancia. Dios es la única Presencia, Poder y Causa. Todo es Espíritu puesto de manifiesto, incluyendo las fresas y las setas. Todo es Dios.

No juzgue según las apariencias. Los cinco sentidos proporcionan una avalancha de datos, pero no tiene por qué caer usted víctima de sus percepciones sensoriales. Puede rechazar lo que ve o escucha. Puede ver paz en lugar de discordia, amor en vez de odio, alegría en lugar de tristeza y luz en vez de oscuridad. Puede disciplinar a sus sentidos y saborear la dulce verdad de Dios.

Visité al Dr. Viktor Frankl, un distinguido psiquiatra, hace algunos años. Durante la Segunda Guerra Mundial, los nazis le recluyeron en Auschwitz y mataron a su mujer y sus padres. Frankl sobrevivió a esas atrocidades, y después de la guerra escribió un libro titulado *El hombre en busca del sentido último: el análisis existencial y la conciencia espiritual del ser humano*, que describe sus experiencias en el campo de concentración y cómo encontró una razón para vivir en medio de esa brutalidad indescriptible. También habla de su fe en que la vida siempre tiene sentido, incluso en las circunstancias más difíciles.

Frankl señaló que él y el resto de los médicos con los que fue encarcelado aprendieron que muchas de sus asunciones sobre el cuerpo humano eran falsas. Por ejemplo, tenían que darse duchas frías y quedarse quietos de pie bajo el aire gélido sin ropa. Ni siquiera les daban una toalla para que se secaran. Estaban a finales de otoño y las condiciones climáticas eran muy frías, pero no enfermaron. Frankl dijo: «Estábamos sorprendidos porque no nos resfriábamos. Los médicos de nuestro grupo aprendieron, antes que nada, que los libros de texto mienten».

Frankl también habló de lo sorprendido que estaba de cuánto podían resistir él y los otros prisioneros. Dijo: «Dormíamos en camas dispuestas en pisos. En cada piso, que medía unos 1,80-2,40 metros, dormían nueve hombres directamente sobre las duras tablas compartiendo sólo dos mantas. Sólo podíamos estar tumbados de lado, atestados y apiñados los unos con los otros. Aunque estaba prohibido llevarse los zapatos a las literas, algunas personas los usaban a escondidas a modo de almohadas, a pesar de que estaban cubiertos de barro».

Frankl siguió: «Ahora me gustaría mencionar otra sorpresa acerca de cuánto podíamos resistir. No podíamos lavarnos los dientes, pero a pesar de ello y de las graves carencias vitamínicas teníamos unas encías más sanas que nunca».

Las sendas del Infinito quedan más allá de nuestra comprensión. Frankl y algunos de los prisioneros deberían haber desarrollado neumonía, pero no fue así porque estaban morando en un nivel más elevado de consciencia.

La Dra. Fleet, de Londres, me explicó que durante la guerra, ella y otras personas sólo podían encontrar alimentos a base de féculas. No podían disponer de las carnes, las frutas y las hortalizas a las que estaban acostumbradas. Dijo que, a pesar de las privaciones y de la presión propia de la guerra, permanecían tranquilas e intentaban ayudar a la gente. «No disponíamos de vitaminas y nuestra dieta era contraria a la ciencia de la nutrición, pero estábamos más sanas que antes», afirmaba la Dra. Fleet. Tal y como averiguó esta doctora, no tenemos que ser víctimas de las creencias de la mente en masa que circulan por el mundo.

No hay mucha gente que sepa que el éxito de Virginia Graham en su famoso programa de televisión *Girl Talk* llegó después de haber superado un cáncer terminal y de haber entrado en la historia de la medicina. El médico de Virginia describió el milagro experimentado por su paciente con estas palabras: «Purificó su torrente sanguíneo con sus pensamientos». Virginia rezó fervientemente y sabía que se curaría y que viviría. «Tengo una mentalidad de superviviente», explicaba. Su amor por la vida estaba claro, y fue, probablemente, una de las razones de que su programa de televisión ascendiera hasta la cima de la popularidad.

Un psicólogo describió a una alumna suya que poseía el don de la clarividencia: vio un avión en llamas en un campo. Esta estudiante y otra mujer fueron y rezaron en esa zona. Contemplaron el amor, la paz, la armonía, la belleza y las acciones correctas en su mente y su corazón. Se sumergieron en la Omnipresencia Sagrada, y vieron un avión en llamas entre las nubes. Se resquebrajó y cayó al suelo.

Aunque en la visión de la estudiante los dos ocupantes del avión se habían quemado y muerto, ahora pudo ver que permanecían ilesos a pesar de que la aeronave estaba destrozada.

Uno de los hombres dijo: «Estaba a punto de saltar del avión, pero de repente experimenté una sensación de paz y seguridad absolutas y me volví a sentar». Claramente, en los niveles más elevados de su mente no puede usted quemarse. Estas mujeres lo demostraron, y es absolutamente cierto.

Phineas Parkhurst Quimby afirmó, hace años, que la enfermedad es provocada por la mente. También dijo que la gente suele adquirir sus infecciones en la iglesia. Allí desarrolla un complejo de culpabilidad y de miedo que la hace enfermar. Genera una fe en un Dios punitivo y llega a creer que la está castigando. Quimby tuvo que enseñar a la gente que Dios es una presencia amorosa.

Quimby dijo que si les explica a personas que nunca han oído hablar del cáncer que padecen esta enfermedad, no tendrá ningún efecto sobre ellos, pero si les explica a personas que lo han oído todo sobre los estragos provocados por esta enfermedad que tienen un tumor, puede que se aterroricen, y que ese estado temeroso provoque el desarrollo de un cáncer.

Lao-Tsé dijo que cuando un sabio va a la jungla no lleva espadas ni lanzas. No teme a las jabalinas ni al rinoceronte, ya que no hay ningún lugar en él que pueda ser herido. En otras palabras: ha desarrollado una inmunidad y ha recibido el anticuerpo Divino.

Frecuentemente se ve usted engañado por lo que ve. Por ejemplo, un palo metido en el agua parece estar roto, y cuando está de pie ante una vía ferroviaria, las dos líneas paralelas de las vías parecen unirse en la distancia. Sus ojos pueden engañarle porque sólo se ocupan del aspecto superficial de las cosas. La gente dice que el sol sale y que se pone. De hecho, tampoco es así. No vemos nada como es en la realidad porque nuestros ojos están orientados a ver de acuerdo con lo que creemos. Si nuestra mente estuviera condicionada de otra manera, veríamos las cosas de forma diferente. Un trozo de acero parece sólido, pero los rayos X revelan que es poroso (igual que nuestro cuerpo). En realidad, todo está formado por trillones de partículas microscópicas en movimiento constante.

Si dice usted que cree que la configuración de las estrellas en el cielo determina su destino, está haciendo que algo externo sea una causa y está atrayendo hacía sí la mala suerte. Las estrellas no tienen ningún poder sobre usted, pero sus creencias sí. Digamos que su hermana y usted son gemelas idénticas y que nacieron bajo la misma configuración estelar. Ella se ha dedicado a estudiar la Ciencia de la Mente o una filosofía similar y lleva una vida fantástica y maravillosa. Usted, en cambio, está sufriendo debido a su creencia en una configuración de mal agüero de las estrellas, y todo le va mal. Sus problemas son provocados por sus creencias. Aquello en lo que crea, su subconsciente hará que se manifieste. Por tanto, es extremadamente peligroso pensar que los planetas o las estrellas están trabajando en su contra.

Demasiadas personas se creen esta mentira. No obstante, cuando se les explica la verdad, siguen rehusando creerla. Creen que Dios está allí arriba castigándoles. La verdad es que el Principio de la Vida no puede castigarle, sino que le perdona. Si se quema usted le perdona y le da una piel y unos tejidos nuevos. Si se corta, repara su herida. Siempre está buscando curar. El Infinito no puede castigarle, porque Sus ojos son demasiado puros como para albergar iniquidad. Dios es el ahora eterno, y ahora es el momento de la salvación. No es usted una víctima del karma o del pasado porque está tratando con una Presencia eterna y omnipresente. Por tanto, no hay pasado del que preocuparse. Nada importa sino este momento. Cambie este momento y transformará su destino. Un nuevo principio es un nuevo final. Cree usted un inicio nuevo cuando entronice ideas sagradas en su mente y viva con ellas. Entonces, el desierto de su vida se regocijará y florecerá como una rosa. Ésas son las buenas noticias, el evangelio y la verdad de ser. Puede usted cambiar de opinión ahora.

Cuando «emocionaliza» sus sentimientos y los acepta como verdaderos, éstos se sumergen en su subconsciente y se manifiestan en su cuerpo y sus asuntos. Por ejemplo, Gary L. creía una mentira. Se estaba quedando gradualmente ciego. El oftalmólogo no podía encontrar nada malo en sus ojos, pero Gary consultó a un astrólogo que le dijo que su problema se encontraba en su carta astral. La verdadera causa de su problema ocular era, no obstante, que odiaba a su mujer porque pensaba que le estaba fastidiando. El problema estaba en su interior. Decía frecuentemente: «Odio el mero hecho de ver a mi mujer», «No soporto verla» y «No veo cómo voy a poder salir de esta situación porque tengo dos hijos y la necesitan».

Su subconsciente aceptó estos sentimientos y afirmaciones y respondió ocluyendo su visión. No tenía nada que ver con la alineación de los planetas o las estrellas.

Lo dispuse todo para que Gary y su esposa vinieran a verme y les expliqué el funcionamiento de la mente. Ella cooperó dejando de fastidiarle. Empezaron a rezar juntos, buscando a Dios el uno en el otro. También empezaron a hablarse con amabilidad y cariño. Además, cada mañana y cada tarde pasaban tiempo juntos leyendo salmos y otros escritos espirituales.

Al cabo de un mes, la capacidad visual de Gary volvió a la normalidad, y su oftalmólogo le felicitó. Gary se había estado mintiendo, echando la culpa a los planetas y a las estrellas cuando la verdadera causa eran sus emociones destructivas y negativas.

Mucha gente piensa que la enfermedad está «ahí fuera» y que el cuerpo puede «pillarla». Ésa es una de las mentiras que el mundo cree. De hecho, toda enfermedad tiene un origen mental. Nada sucede en el cuerpo a no ser que suceda primero en la mente. Para ilustrarlo, atiendan a la siguiente historia: Andrew L. había estado sufriendo colitis durante mucho tiempo cuando vino a verme. Había tomado medicamentos, reposado y seguido una dieta especial. No obstante, se estaba engañando, echando la culpa a la herencia y a la dieta por provocar su enfermedad. Dijo: «La colitis me viene de familia. Mi abuela y mi madre la padecieron. Estoy seguro de que la comida que consumo tiene algo que ver con mi problema».

Le describí a Andrew un estudio dirigido por la Dra. Helen Flanders Dunbar sobre un grupo de pacientes aquejados de colitis en Nueva York. Su investigación mostraba que, en algunos casos, los hombres que padecían colitis estaban demasiado ligados, emocionalmente hablando, a sus madres y nunca, en toda su vida, habían estado apartados de ellas durante más de treinta días. Ninguno de estos hombres estaba casado, y el inicio de su colitis estaba relacionado con un conflicto entre la lazo con su madre y su deseo de casarse.

Andrew tenía un conflicto similar: su madre le había dominado durante toda su vida y temía desafiarla. Se sentía culpable si no obedecía sus deseos y se tomó el mandamiento «Honrarás a tu padre y a tu madre» al pie de la letra.

Le expliqué que el mandamiento no significa que tengamos que hacer exactamente lo que nuestros progenitores quieran. Le dije que rezara por su madre y que le deseara únicamente lo mejor, y ella se daría cuenta de que le estaba evitando experimentar la verdadera felicidad.

Unos meses más tarde, Andrew volvió a visitarme. Me explico que su madre había cambiado y que su relación había mejorado. Había conocido a una joven y le contó a su madre que tenía planeado casarse con ella. Su madre aceptó su decisión y dio la bienvenida a esta mujer a la familia.

La colitis de Andrew se curó «milagrosamente» al cabo de unas semanas. Se había estado engañando durante muchos años, incapaz de ver que la causa de su enfermedad era puramente emocional: provocada por la bolsa venenosa de resentimiento en los recovecos de su alma. Él no se provocó la colitis deliberadamente: su problema estaba provocado por la acumulación de sus pensamientos negativos y destructivos.

La mente subconsciente es una ley. Ordena todos los pensamientos depositados mediante patrones complejos. Estos patrones no sólo son la causa de todos los males, sino que también son la fuente de nuestros éxitos y triunfos. La gran mentira es la creencia en la causalidad material. Echamos la culpa de nuestros problemas a las condiciones, al entorno, a las circunstancias y a veces a Dios, pero todas las dificultades están provocadas por patrones mentales y creencias alojados en nuestra mente subconsciente. Por ejemplo, Annie K. estaba muy enfadada en relación a su tía. Me explicó que su tía era amable, religiosa y generosa, pero que ahora estaba padeciendo una enfermedad cardiaca devastadora. Annie se preguntaba por qué Dios no hacía algo para ayudar a su tía. Muchísimas personas se hacen esta pregunta. Ejemplifica uno de los mayores malentendidos relativos a Dios. Tanto Annie como su tía vivían engañadas por creer que la enfermedad es independiente de la mente. Ésa es la gran mentira que el mundo cree: que la enfermedad está «ahí fuera» y que pueden «pillarla».

La creencia en esta falacia evitará la recuperación. La tía de Annie padecía un problema coronario que ella creía que era incurable. Su padre había fallecido debido a una enfermedad similar y estaba segura de que a ella le pasaría lo mismo. Por tanto, era natural que no se estuviera curando. No obstante, una vez que aceptó que se estaba engañando con una creencia falsa, hizo un progreso excelente. Dejó de creerse la mentira de que su corazón era un objeto material con sus propias leyes. Ahora cree que su cuerpo está sujeto a sus pensamientos y sus sentimientos. Al cambiar su mentalidad transformó su cuerpo. Rezó, regular y sistemáticamente, sabiendo que la Presencia Divina fluye a través de ella en forma de belleza, plenitud, vitalidad y fortaleza, y que el amor de Dios habita en su mente y su cuerpo. Se dio cuenta de que la enfermedad no tiene más poder que el que ella le dé en su propia mente, y experimentó una curación completa.

Cuando un problema de cualquier tipo acuda, considérelo como una señal de la naturaleza de que su forma de pensar se ha descarriado y cambie sus pensamientos. Todas sus experiencias son el resultado de sus creencias y asunciones subconscientes. No importa lo que suceda en su vida: se trata, simplemente, de un flujo de su mente subconsciente. Todo estado, suceso y circunstancia que experimente es el resultado de sus patrones subconscientes: sus creencias y su condicionamiento.

Además, todos tenemos demasiadas creencias e ideas que hemos olvidado hace mucho tiempo (quizás se remontan a nuestra infancia) y que están escondidas en los recovecos más profundos de nuestro subconsciente. Tienen el poder de influir en nuestra vida. Por ejemplo, si le enseñaron que sentarse cerca de un ventilador le provocaría una tortícolis, su mente subconsciente se ocupará de que la próxima vez que se siente cerca de un ventilador le duela el cuello. El problema no es el ventilador, que está formado por unas moléculas inocuas de energía que oscilan a una frecuencia elevada, sino sus creencias erróneas. He visto a gente trabajando debajo de un ventilador durante todo el día y éste no ha tenido ningún efecto sobre ella. El ventilador es, en sí mismo, inofensivo.

Cuando Jack M. vino a verme, estaba extremadamente molesto. Más temprano ese mismo día había tenido un accidente terrible que dejó su coche y el del otro conductor destrozados. El otro conductor estaba herido y Jack se libró de lesiones graves por muy poco. Se preguntaba qué es lo que había hecho para merecer un problema así. Dijo que había notado que algo malo iba a suceder. Había leído su horóscopo esa mañana, y le decía que había muchas posibilidades de un accidente automovilístico y que debía tener cuidado. Jack dijo que se asustó mucho cuando lo leyó. No quería conducir ese día, pero tenía que acudir a una entrevista de trabajo.

Su gran temor provocó el accidente, ya que los pensamientos que son «emocionalizados» son puestos de manifiesto por el subconsciente. Su mente más profunda se tomó su ansiedad como una solicitud y la generó en la pantalla del espacio. Aquello que siembre es lo que cosechará. Sólo hay Un Poder: el Espíritu de su interior. No hay ningún otro poder, causa ni sustancia en el universo. Los planetas y las estrellas no son más que moléculas que se desplazan por el espacio y no tienen nada que ver con su vida.

Le ofrecí a Jack una oración para que la utilizara regularmente, diciéndole que si llenaba su mente de estas grandes verdades, su mente subconsciente las aceptaría en consecuencia, y se vería obligado a conducir con armonía y seguridad:

Mi coche es una idea de Dios. Se desplaza de un punto a otro libre, alegre y cariñosamente. La sabiduría de Dios guía a este automóvil en todos sus trayectos. El orden, la belleza y la simetría de Dios gobiernan los mecanismos de este coche en todo momento. La Presencia Sagrada de Dios bendice a este coche y a todos sus ocupantes. Como conductor, soy el embajador de Dios. Estoy lleno de amor y buena voluntad para con todos. La paz, la verdad y la comprensión de Dios siempre me gobiernan. Dios dirige todas mis decisiones, haciendo que mi camino sea recto, hermoso y perfecto. El Espíritu del Señor está en mí, haciendo que todas las carreteras sean una autopista hacia Dios.

Para que su mundo cambie, debe cambiar usted su mente: no puede seguir pensando de la misma forma. Para pensar de una nueva manera debe obtener algunas ideas novedosas y aprender acerca de las leyes de la mente. Dese cuenta de que sus pensamientos son creativos. Aquello que grabe en su subconsciente (ya sea bueno o malo) será expresado. Por tanto, empiece a mostrar un respeto sano por sus pensamientos.

Muchas personas echan la culpa a las condiciones climatológicas por sus resfriados, sus achaques, sus dolores y su depresión. También culpan a los demás diciendo cosas como: «Ese hombre en mi trabajo me está perjudicando. Si no fuera por él, obtendría un ascenso». Cuando lleva a cabo esto, está haciendo que la otra persona sea como un dios. Ésa es una gran mentira. Sólo hay Un Dios. La Biblia dice:

> *«No te construirás ningún ídolo, ni semejanza alguna de lo que está arriba en el cielo, ni abajo en la tierra, ni en las aguas debajo de la tierra. No los adorarás ni los servirás; porque yo, el Señor, tu Dios, soy un Dios celoso».*
>
> *Este pasaje significa que no debería conceder ningún poder a los eventos externos o a otras personas, ya que sólo hay Un Poder. No ponga a otra persona en un pedestal y diga: «Eres un nuevo Dios al que tengo que adorar».*

Sólo hay Un Ser. La Presencia y el Poder Infinitos de su interior. Es omnipotente y nada puede oponerse a él. Creó el mundo. Es el Ser Eterno Todopoderoso. Dígase a sí mismo: «Quiero tener una buena salud. El espíritu Infinito me ofrece una nueva oportunidad que me permite expresarme al más alto nivel y estar libre de enfermedades y lleno de vitalidad». Acuda a la Fuente y dese cuenta de que el poder del Todopoderoso le respalda.

Deje de creer en la gran mentira. Deje de contaminar la atmósfera con nociones extrañas, doctrinas falsas y creencias raras. La gente se queja de la contaminación medioambiental, pero nunca la oye hablar de la polución de la mente, que incluye el resentimiento, la hostilidad y el odio. Debe aprender la gran verdad de que ninguna persona, situación o estado provoca que esté usted enfermo, triste o solo. No hay nadie a quien echar la culpa.

Si alguien le dice que es estúpido, ¿va usted a enfadarse e irritarse? Simplemente diga: «No tienes ningún poder para alterarme hoy. La paz de Dios llena tu alma» o «Dios me ama y se preocupa por mí», y siga con su tarea.

No me diga que esa persona tiene el poder de molestarle. Si es así, padece usted la mayor mentira de todos los tiempos. Las sugestiones y las afirmaciones de los demás no tienen un poder real como para hacerle daño.

Es el movimiento de su propia mente el que determina cómo se siente, y no hay ninguna ley que pueda evitar que diga usted: «Dios me ama y se preocupa por mí». Por tanto, puede usted neutralizar los pensamientos negativos o de enojo.

Algunas personas culpan al diablo de sus problemas, pero no existe tal ser. Sólo hay Un Poder: no puede haber ni dos, ni tres, ni mil. Ésa es la mayor de todas las verdades. En inglés, *devil* (diablo, demonio) al revés es *lived* (vivido). Si está viviendo la vida al revés, ése es su mal o su diablo, ¿verdad? Cuando se desvía de la verdad o cuando hace un

71

mal uso de la ley, ve a través de un cristal oscuro. Por tanto, la confusión es el único diablo que existe.

Una vez, un banquero me explicó que varios miembros de su personal estaban enfermos debido a la gripe. Tenía miedo de contagiarse él también y quería saber cómo protegerse. Le aconsejé que rechazara por completo la idea de la infección, ya que no tenía poder sobre él a no ser que él mismo le diera crédito. Le comenté que dejara de decirse a sí mismo que era vulnerable al virus, ya que los pensamientos son poderosos, y nada se manifiesta en nuestra vida excepto a través del poder creativo de la mente. Afirmó frecuentemente lo siguiente:

El Padre y yo somos uno. Ahora vivo y tengo mi ser en la Presencia Curativa. Dios vive, se mueve y tiene su ser en mí. Dios no puede enfermar. El Espíritu nunca queda herido ni lesionado. Lo que es cierto de Dios es cierto de mí y, por tanto, no puedo estar enfermo. Soy la salud perfecta. Dios es mi salud. La salud es mía. La alegría es mía. La paz es mía. Me siento maravillosamente.

Puede tener usted la absoluta certeza de que no se vio afectado por la gripe.

Está usted a cargo de su propia mente, y tiene la maravillosa oportunidad de afirmar que la paz y el amor de Dios llenan su corazón, su mente y todo su ser. El Poder siempre está en su interior. Cuando dice usted: «Yo soy/estoy», está anunciando la presencia y el poder de Dios dentro de usted. Es Puro Ser y Conciencia de la Vida. Es la Única Presencia, Poder, Causa y Substancia. *El Señor es mi luz y mi salvación. ¿A quién temeré? El Señor es la fuerza de mi vida. ¿De quién tendré miedo?*

El Señor es su propia consciencia, conciencia y Principio de la Vida. Dios, dentro de usted, le está orientando. Su paz llena su alma y Su amor satura todo su ser. *«Te devolveré tu salud y curaré tus heridas»* dice el Señor.

En pocas palabras

La gran mentira es la fe en la causalidad material. Echamos la culpa a las condiciones, el entorno, las circunstancias y, a veces, a Dios, pero todas las dificultades son provocadas por patrones mentales y creencias alojadas en nuestra mente subconsciente.

El Principio de la Vida no puede castigarle: siempre le perdona. Si se quema, le perdona y le da una piel y unos tejidos nuevos. Siempre está buscando curar.

La mente subconsciente es una ley. Dispone todos los pensamientos depositados en forma de patrones complejos que son la causa tanto de sus males como de sus triunfos.

Para que su mundo cambie tiene que cambiar usted su mente. No puede continuar pensando de la misma forma: debe obtener algunas ideas nuevas.

Aquello que grabe en el subconsciente (ya sea bueno o malo) se manifiesta en su vida. Por tanto, empiece a mostrar un respeto sano por sus pensamientos.

No hay pasado del que deba preocuparse: el pasado está muerto. Nada importa, sino este momento. Cambie este momento y transformará su destino.

Capítulo 4

Cómo utilizar su Poder Curativo

En todo el mundo, hombres y mujeres de distintos credos están desarrollando una comprensión creciente sobre la aplicación de las leyes mentales y espirituales en los campos de la medicina, la psiquiatría, la psicología y otras áreas relacionadas. Se están publicando muchos artículos que describen cómo los conflictos mentales y emocionales destructivos pueden provocar todo tipo de enfermedades. Uno de los libros pioneros en este campo es *Emotions and Bodily Changes*, de la Dra. Helen Flanders Dunbar, una magnífica obra sobre las causas mentales y emocionales de distintas enfermedades.

Este creciente interés por la ley de la mente es un signo de que el reino de los cinco sentidos (la creencia en la causalidad material) está llegando a su fin. En su lugar está restableciéndose la fe en la Inteligencia Divina y en la Presencia Curativa Infinita en todas las cosas. *Bendice al Señor, oh, mi alma... El que cura todas tus enfermedades, El que*

75

redime a tu vida de la destrucción, El que te corona con una amabilidad cariñosa y tiernas bendiciones, El que satisface tu boca con cosas buenas, de modo que tu juventud quede renovada, como la del águila.

La Biblia es un texto psicológico que nos enseña a superar todos los problemas. Explica cómo nos metemos en problemas y cómo salir de ellos. Nos enseña la ciencia de la vida y el significado de los símbolos. Cuando escribo o hablo acerca de las maravillosas historias bíblicas, pregunto a mi Yo Sublime: «¿Qué querían decir los escritores de estas historias cuando las escribieron?» Y la mente que las escribió es la mente que las lee, ya que sólo hay una mente que es común a todas las personas.

Puede quedarse tranquilo y sentir a la Inteligencia Infinita en su interior revelándole todo lo que necesita saber. Su consciencia contiene el recuerdo de todo lo que ha sucedido, y puede usted sintonizar con ese vasto océano de sabiduría dentro de usted. La misma Presencia Curativa que Moisés, San Pablo y Jesucristo utilizaron está disponible hoy. Es el Espíritu Viviente que le creó. Use esta Presencia y Poder, avance en la luz, y pase de una gloria a otra hasta que amanezca y todas las sombras desaparezcan.

La Biblia dice: «El Espíritu de Dios nuestro Señor está en mí, porque el Señor me ha ungido para que predique buenas nuevas a los pobres. Me ha enviado para curar a los desolados, para proclamar la libertad a los cautivos y la apertura de la prisión para aquellos que están en su interior».

El Espíritu del Señor está en su interior en este preciso momento y su bien se da en este instante: no mañana, la semana que viene o el año próximo, sino exactamente en este minuto. *Hoy* es el día de la salvación, así que ¿por qué esperar a una curación? ¿Por qué decir: «Algún día tendré paz»? La paz de Dios está dentro de usted en este momento. Puede usted afirmar: «El río de la paz de Dios fluye a través de mí justo ahora, saturando mi mente, mi corazón y todo mi ser». No importa lo que esté buscando: existe ahora.

¿Por qué esperar a tener poder? El poder del Todopoderoso ya está en su interior, y recibirá energía y fortaleza al invocarlo. Siempre le responde. El amor está aquí en este preciso momento, y puede experimentar cómo la compasión Divina se acumula en su corazón para todas las personas. Puede usted decir: «El amor de Dios inunda mi mente, mi corazón y mi ser», y el Dios del amor le responderá: «Invócame. Yo te contestaré».

También puede atraer a su parte Divina ahora. Lo que está buscando para el futuro está presente ahora... justo donde está usted. La naturaleza de la Presencia y el Poder Infinitos es responderle. *Cuando le invocas, Él te responde. Él estará contigo en tus malos momentos y te exaltará porque has conocido Su nombre.*

Alguien me preguntó en una de mis clases si las historias de curaciones de la Biblia eran verdad. La respuesta es sencilla: el Principio Curativo es eterno y siempre ha estado a disposición de todas las personas en todos los lugares. La Presencia Curativa es omnipresente: está en el perro, el gato, el árbol, la tierra y todo lo demás. Por tanto, también se encuentra en su interior. Le creó a partir de una célula y conoce todos los procesos y las funciones de su organismo. Es completamente sabia y lo sabe todo.

Para comprender la Biblia, considérela una obra de teatro psicológica que tiene lugar en la consciencia de toda la gente del mundo. Considere las historias que aparecen en la Biblia como alegorías sobre usted mismo y sus amigos despertando desde la oscuridad hasta la luz de su interior. Dios es el sabio que hay dentro de usted y conoce la solución a todos los problemas. Lo sabe y lo ve todo. Considere a Dios como a sí mismo, lleno de fe y confianza. Rechace todas las falsas creencias e ideas y anuncie la presencia de su ideal.

En tiempos antiguos se creía que la gente que estaba loca estaba poseída por demonios o diablos. El exorcismo, en sus distintas versiones, se convirtió en el tratamiento aceptado para estas personas. Los exorcistas usaban agua bendita y la Biblia, y pronunciaban el nombre de *Dios* para hacer que los demonios se marcharan.

De hecho, los «espíritus malvados» eran emociones oscuras, como el odio, el resentimiento, los celos, la venganza, el miedo, etc. En los tiempos actuales, los psiquiatras, los psicólogos y los líderes espirituales intentan ayudar a que las personas que sufren trastornos mentales limpien su mente de todos los pensamientos negativos y las falsas creencias.

Un joven que viajaba a la India en un transatlántico vio a un individuo loco de atar curado por completo por una mujer estadounidense que rezó en voz alta por él. Experimentó una curación formidable e instantánea. Por curiosidad, el joven preguntó a la mujer qué había hecho. Le contestó: «Afirmé que el amor y la paz de Dios llenaban su mente y todo su ser y que Dios estaba justo ahí». Su comprensión de la Presencia y el Poder en el hombre aquejado por la enfermedad mental se vio resucitada instantáneamente en su mente y la curación vino a continuación. La fe de ella lo convirtió en un ser pleno.

Todos los diablos y los demonios son estados negativos de la mente, ya que sólo hay Un Dios, y no dos, ni tres, ni mil. Hay Una Presencia que vive en los corazones de todas las personas. Ésa es la razón por la cual la mayor verdad es el mandamiento bíblico: «Escucha, oh, Israel: El Señor nuestro Dios es el único Señor».

La Biblia dice que debemos acudir a nuestra propia sinagoga. *Sinagoga*, en la Biblia, hace referencia al templo de nuestra mente. A través de la conciencia espiritual expulsamos de nuestra consciencia todas las teorías, los dogmas y las creencias falsas, además de los estados negativos como el resentimiento, la mala voluntad, el odio y los celos. Éstos son los verdaderos demonios. Las obsesiones, la doble personalidad y demás aberraciones mentales son el resultado del pensamiento negativo habitual que ha cristalizado en forma de un estado mental definitivo.

Si reza por una persona mentalmente enferma, siga las enseñanzas de la Biblia. Acuda a su sinagoga y ensaye, en su mente, las verdades de Dios. Sienta la atmósfera mental de la libertad y la paz para la persona enferma. Manténgase lleno de fe y confianza, sin conceder ningún poder a los síntomas o a los bloqueos mentales. Rechace por completo los pronósticos y las opiniones negativas de aquellos que tiene a su alrededor. Haga esto de forma empática y con un sentido de conocimiento interior. Sepa que tiene usted la autoridad para decir la verdad, ya que la Presencia y el Poder Infinitos están hablando a través de usted.

Mediante la afirmación de su unidad y su unicidad con Dios, dispone del poder para expulsar a los demonios. Pronuncie, en silencio o en voz alta, las palabras de salud, armonía y paz interior con sentimiento y fe. Rece con confianza, y el maleficio de los pensamientos perniciosos se romperá. Rechace por completo, de una vez por todas, el poder de cualquiera de las llamadas fuerzas negativas o malvadas. No admita, ni por un momento, que los demonios tienen poder alguno o, incluso, que estas entidades existen.

Phineas Parkhurst Quimby, el gran curandero estadounidense, sabía que cuando pensaba en sus pacientes estaba al mando de sus cuerpos y de sus mentes. Por tanto, contemplaba la perfección Divina de estas personas y repetía muchos de los milagros que aparecían en la Biblia. La convicción interna de Quimby era que lo que era verdad para Dios era cierto para sus pacientes. Declaraba la verdad y les curaba.

Los médicos y los científicos están llevando a cabo experimentos con la hipnosis. Han visto que pueden hacer que una persona sujeta a hipnosis actúe como un demente mediante el poder de la sugestión. Por ejemplo, las personas bajo hipnosis a las que se les dice que salten con un pie al ver a un perro lo harán. Si no se elimina la sugestión seguirán saltando siempre que aparezca un can, incluso después de que se les despierte del trance. A esto se le llama *compulsión*.

De forma similar, pueden decirle que un espíritu malvado o el demonio le poseen, y su mente subconsciente, que actúa de acuerdo con la sugestión, aceptará fielmente la idea, obligándole a actuar como si estuviera poseído.

Mucha gente me escribe diciéndome que oye voces todo el tiempo que le dicen que haga cosas horribles. Creen estar poseídos por espíritus malvados. Les explico que yo también oigo voces, y que la clariaudiencia es una facultad de la mente humana. Es la Inteligencia de nuestro interior la que permite a nuestra mente objetiva recibir mensajes de nuestro subconsciente. De hecho, hace algunas semanas escuché claramente una respuesta a una cuestión que me tenía desconcertado desde hacía algún tiempo. Las palabras no procedían de una entidad exterior, sino de mi propia mente más profunda, que es una con la Inteligencia Infinita.

No hace falta decir que la ley de la mente gobierna el carácter de las manifestaciones clariauditivas. Por ejemplo, si cree usted que un ángel de la guarda le está hablando, su subconsciente seguirá la sugerencia aportada y asumirá el aspecto de un ángel.

La mente subconsciente posee poderes ilimitados y puede verse influida negativa o positivamente. Asegúrese de alimentarla únicamente con pensamientos constructivos y armoniosos. No debe poner a gánsters, asesinos y criminales al cargo de su mente. En lugar de ello permita que la sabiduría y el amor Divino le dirijan. Permita que su fe en Dios y en todas las cosas buenas dirijan su mente.

Contemple la perfección Infinita en su interior y siga haciéndolo hasta que salga el sol y las sombras desaparezcan. Mientras habita en el lugar secreto y contempla a Dios en Su gloria dentro de usted, acatará la sombra del Todopoderoso y sabrá que Su amor le rodea y le envuelve, haciendo que su camino sea recto, hermoso y gozoso.

La Inteligencia Divina es soberana y suprema. Responde a sus pensamientos y es su refugio y su fortaleza. La

Presencia Infinita inspira, fortalece y restaura su mente y su cuerpo. Es caritativa y amable. Confíe en Ella plenamente, ya que responde en forma de piedad, amor, inspiración y una belleza indescriptible. Es el maravilloso Poder Curativo. *«Te devolveré la salud y curaré tus heridas», dice el Señor.*

Cuando centre su atención en la idea de una salud perfecta, el Poder Todopoderoso fluirá a través de su punto focal de atención, y se dará una curación. Esto queda ejemplificado en la historia de la Biblia en la que Jesucristo cura a un leproso: «Y he aquí, se le acercó un leproso y se postró ante Él, diciendo: «Señor, si quieres, puedes limpiarme». Y extendiendo Jesús la mano, lo tocó, diciendo: «Quiero; sé limpio». Y al instante quedó limpio de su lepra».

Hablando desde el punto de vista bíblico, un leproso es alguien que, a través de pensamientos erróneos, se ha apartado de la Fuente Divina de la mente y de la vida. Un leproso es una persona gobernada por los cinco sentidos y llena de miedos, supersticiones y creencias poco sólidas.

Puede limpiarse a sí mismo perdonando a todos y deseándoles todas las bendiciones de la vida, incluyendo la paz, el amor, la alegría y la felicidad. Perdónese también a usted mismo por albergar pensamientos negativos.

Habita usted en el amor, la luz y la gloria de Dios. Cuando haya limpiado su mente de todas las impurezas, las imágenes negativas y los pensamientos destructivos, quedará absorbido por la alegría de experimentar cómo una oración ha recibido respuesta. Esto consume el antiguo estado y da lugar al nuevo.

Probablemente haya visto u oído hablar de hombres o mujeres que imponen sus manos sobre las personas para curarlas. Vi a un curandero inglés imponer sus manos sobre personas que padecían artritis u otros problemas, y sanaron. A veces, aquellos que practican la imposición de manos reciben el nombre de curanderos natos pero, de hecho, todos somos curanderos natos por la sencilla razón de que la Presencia Curativa Infinita está dentro de todos nosotros. Podemos hacerla contactar con nuestros pensamientos, y responde a toda la gente. Es omnipresente y es la vida misma de todas las cosas.

Nada es demasiado grande o demasiado pequeño como para ser sanado. Algunas personas han visto sanar sus úlceras a través de la fe, mientras que otros han superado lo que parecían ser unos tumores incurables. Para la Presencia Infinita es tan sencillo regenerar un páncreas con cáncer como un rasguño en la rodilla, ya que la Inteligencia Todopoderosa es omnipotente y completamente sabia. Es el Poder que guía a los planetas y que provoca que la Tierra gire sobre su eje.

Es buena idea evitar ir por ahí diciéndoles a todos que ha experimentado una curación espiritual. Muchos de sus amigos harán comentarios peyorativos y escépticos, lo que puede minar su fe, hacer que tenga dudas y deshacer los beneficios que ha recibido a través de la oración.

Si quiere que se dé la curación en su cuerpo, apártese mentalmente de los síntomas y de las pruebas de los sentidos. Empiece a pensar en la Presencia Curativa Infinita de su interior, centrándose en la salud, la armonía y la paz. Dedique toda su atención al bienestar y a la tranquilidad de espíritu. El Poder Creativo Todopoderoso fluye a través del punto focal de atención y afecta a cada átomo de su ser. Habitando en una comunión consciente con lo Divino es fácil quedar intoxicado por el Espíritu y lleno de júbilo. Este despertar espiritual le fortalece y le renueva, de modo que cada día le aporta más alegría. Mientras sigue orando de forma científica, se ve usted elevado, se da un alud de Espíritu y todo su ser se ve recargado.

El Dr. Alexis Carrel, ganador del Premio Nobel de fisiología, describe los maravillosos efectos provocados por la oración. Cita el caso de una úlcera cancerosa que se redujo a una cicatriz ante sus ojos. También narra que vio cómo se curaban heridas en algunos segundos y cómo desaparecían síntomas patológicos en algunas horas. Estas curaciones de tumores, quemaduras, etc. no eran más que la liberación del Poder Curativo en el interior de cada paciente.

Dios es el único Curandero y el único Poder. Cuando invocamos esta Presencia dentro de nosotros, afirmando que satura nuestra mente y nuestro cuerpo, recibimos un alud correspondiente del Poder Curativo que inunda cada célula de nuestro ser, curando nuestras heridas y haciéndonos ser plenos. Nuestro organismo empieza a funcionar armoniosamente. Entonces conocemos la verdad del pasaje bíblico: «En mi carne veré a Dios».

Mientras reivindica y afirma usted su bien, su mente más profunda (la ley) responde automáticamente a los nuevos patrones e imágenes mentales y le sigue una curación. Todo lo que tiene que hacer es adaptarse a la ley, y a continuación vendrán los resultados. En el momento en el que se dé cuenta de la Presencia de Dios en su interior, obtendrá el resultado que desea, ya que Él es el ser eterno e infinito. Cambie su mentalidad ahora y transformará su futuro.

Me encontré con la historia de un hombre afectado por la enfermedad. Sus piernas quedaban paralizadas y no se podía mover. Le inundaba el pánico y se quedaba helado en ese lugar concreto (incluso en medio de una calle transitada). Este estado de miedo continuo le estaba agotando, por lo que adoptó el siguiente procedimiento.

En primer lugar se alineó con la Presencia Divina. Se volvió hacia la Fuente Infinita de su interior, que le creó y que sabía lo que hacer. Se dijo a sí mismo: «Esta Presencia Curativa es omnipresente, omnisciente y omnipotente». Se dio cuenta de que la Presencia Curativa estaba saturando cada átomo de su ser y fluyendo a través de él en forma de armonía, salud, paz, plenitud, belleza y perfección.

Mientras llenaba gradualmente su mente con estas verdades eternas, se vio recondicionado hacia la salud y la armonía. Mientras cambiaba de forma de pensar, transformó su cuerpo y se curó, ya que el yo físico es una sombra de la mente.

Cuando pensamos negativamente (cuando sentimos resentimiento, odio o miedo por otra persona o la condenamos), estamos cometiendo un pecado. Si pensamos que hay alguna fuerza que puede retar al Único Poder, también estamos pecando, ya que estamos morando, mentalmente, en el mal o en otro poder, atrayendo así todo tipo de calamidades, problemas y pérdidas. Nos descarriamos cuando nos alejamos de nuestro objetivo en la vida, que siempre debería ser la paz, la armonía, la sabiduría y una salud perfecta. Al permitirnos tener pensamientos mórbidos y destructivos limitamos nuestra felicidad y nuestra plenitud.

Es usted una expresión del Infinito, y su mente es un brote del Espíritu. Usted escoge con su mente. Si erra en su juicio, experimenta usted la reacción automática de su subconsciente. No obstante, su mente siempre le está perdonando: en el momento en el que le presente una nueva imagen mental y unos patrones de pensamiento encantadores le responderá del mismo modo. Éste es el amor de Dios y la misericordia del Infinito.

Si un ser querido está enfermo, abra su mente y deje que entre la luz curativa. Entregue a esa persona a Dios y sepa que él o ella está ahora inmerso en la Omnipresencia Sagrada y que está radiante y es feliz y libre. Afirme que lo que es cierto de Dios es cierto en el caso su ser querido. Mientras sigue haciendo esto, él o ella se levantarán de su lecho de dolor, miseria y sufrimiento y caminarán por la Tierra con una salud perfecta, glorificando al Infinito.

Elsie Salmon, la mujer de un misionero en Sudáfrica, escribió un libro titulado *He Heals Today*, en el que describe a un niño que tenía la mano izquierda deformada pues le faltaban tres dedos. Después de que Elsie llevara a cabo un tratamiento consistente en la oración, la pequeña mano empezó a abrirse como una flor ante los ojos de los miembros de su iglesia. Elsie afirma que no había dudas en las mentes de los observadores con respecto a que una mano perfecta se estaba formando.

No debemos considerar esta historia como milagrosa o sobrenatural. En lugar de ello deberíamos empezar a darnos cuenta de que el Poder Creativo que genera el cuerpo puede, con total certeza, hacer crecer una mano, una pierna o un ojo. Después de todo: ¿de dónde procedieron los órganos de su cuerpo? Si fabricamos un congelador, ¿no podemos repararlo si se avería?

La fe de Elsie Salmon en el Poder Creativo hizo que la mano malformada se regenerara. Ella era consciente de la realidad de aquello por lo que rezaba, y sabía que la naturaleza de la Inteligencia Infinita es la capacidad de respuesta. De modo similar, si está usted enfermo y muriéndose debido a un cáncer, Dios también puede curarle. *Según creas, así se hará en ti.*

Libere su poder oculto y conviértase en un canal de lo Divino. Entonces experimentará el amor, la luz y la gloria de «El que es por Siempre». Puede hacer de todo a través de este Poder de Dios que le fortalece.

En pocas palabras

No hay más que una mente común a todas las personas. La misma Presencia Curativa que sirvió a Moisés, a San Pablo y a Jesús está en su interior, y puede usted usarla. Le creó a partir de una célula y conoce todos los procesos y las funciones de su organismo. Es completamente sabia y omnipotente.

Puede expulsar a los demonios de la negatividad afirmando su unidad y unicidad con Dios. Pronuncie, en silencio o en voz alta, las palabras de salud, armonía y la paz interior con sentimiento y fe.

La naturaleza de la mente más profunda es responder a sus pensamientos. Cuando centre su atención en la idea de una salud perfecta, el Poder del Todopoderoso fluirá a través de su punto focal de atención, y a continuación vendrá la curación.

Contemple la Presencia y el Poder que satura cada átomo de su ser. Entonces le seguirá una ola de paz interior y todo estará bien. Puede evitar cualquier enfermedad morando en la omnipresencia, la armonía, la paz y el amor de Dios.

Si desea la curación de su cuerpo, apártese mentalmente de los síntomas y las pruebas de los sentidos. Empiece a concentrarse en la Presencia Curativa Infinita de su interior y sentirá la respuesta del Espíritu fluyendo a través de usted, tocando cada átomo de su ser.

Capítulo 5

No pierda la fe nunca

Mucha gente está enferma y es infeliz. Además, su trabajo es chapucero porque su corazón no está implicado. Su actitud con respecto a la vida es errónea. Sus sueños y sus ambiciones se han marchitado porque no saben cómo conseguirlos. Al no conocer las leyes de la mente ni cómo rezar de forma científica, se encuentran con sus maravillosas ideas muertas en su cerebro y experimentan frustración y neurosis.

Si echa un vistazo en su oficina o ahí donde viva, verá que muchas personas se estancan y fracasan en una fase precoz. Están criticándose continuamente, incluso a pesar de que el Espíritu Viviente Todopoderoso está dentro de todos nosotros. Destrozan su capacidad para conseguir algo diciendo: «Si tuviera el cerebro o la riqueza de menganito o los contactos de fulanito podría avanzar y ser alguien, pero soy un don nadie. Nací en el lugar equivocado y debo sentirme satisfecho con lo que me ha tocado». Ésa es una filosofía de vida estúpida, pero es la forma de pensar de muchas personas.

De hecho, su creatividad y su potencial son ilimitados. Siempre que acuda, con confianza, al Poder Todopoderoso que está dentro de usted, sabiendo que se ve usted orientado por esta luz interior y que se está expresando usted plenamente, se convertirá en un canal para lo Divino y pasará de una gloria a otra.

No hay nadie en todo el mundo que sea como usted, y Dios le necesita allá donde se encuentra: de otro modo no estaría aquí. Elimine el miedo, las dudas y la mala voluntad de su mente y confíe plenamente en la Presencia Divina. Afirme, con sentimiento y humildad: «Tengo fe y confianza. Puedo hacer todas las cosas a través del Poder Infinito, que me fortalece, me consuela y me dirige». Mientras siga repitiendo esta plegaria llevará a cabo maravillas.

Eleve sus miras, dándose cuenta de que siempre irá allá donde tenga puesta la mirada. Imagine lo que quiere conseguir y tenga fe en que la Sabiduría Infinita lo pondrá de manifiesto en la pantalla del espacio. Se sentirá satisfecho durante algún tiempo, y luego el descontento Divino penetrará en usted de nuevo, provocando que quiera alcanzar objetivos incluso más elevados.

Puede rezar por alguien que viva a miles de kilómetros o por alguien que esté en el hospital. Al hacerlo, simplemente afirme en su mente y en su corazón que la persona en cuestión está gozosa, feliz y bien. Considérela como alguien lleno de vitalidad y que no cabe en sí mismo de entusiasmo. Si sus pensamientos divagan, tráigalos de vuelta y vuelva a centrarse en las imágenes de su deseo.

Si está rezando por personas que están enfermas, no las imagine en un hospital. Si lo hace, estará negando su afirmación y estará reforzando la idea de la enfermedad por pensar en sus síntomas, achaques y dolores. En lugar de ello, imagine a estas personas en casa, con una salud perfecta y explicándole el milagro de su curación. Véalas como gente vital y sonriente haciendo lo que les gusta. El Padre que está en los cielos consiste en sus propios pensamientos y sentimientos: su cerebro y su corazón. Cuando están unidos su oración recibe respuesta, y experimenta usted paz, armonía y bienestar.

Si es usted un empresario, puede ordenar a sus trabajadores que lleven a cabo ciertas tareas, y espera usted que obedezcan. Después de todo, les está pagando para que se adapten a sus métodos y procesos empresariales. Del mismo modo, usted es el amo de sus pensamientos, y no su siervo ni su esclavo. Seguramente, no permitirá usted que los malhechores del odio, el miedo, el prejuicio, los celos o la ira le mangoneen. Usted tiene el control.

Cuando empiece a disciplinar su mente, no permita que las dudas, la ansiedad o las impresiones falsas del mundo le intimiden. Debe recordar que la emoción sigue al pensamiento y que cuando se hace cargo de sus pensamientos y de sus imágenes mentales, nada puede alterarle. Por ejemplo, si alguien le dice que es usted un traidor, ese insulto no puede dañarle a no ser que usted lo permita. En lugar de ello puede afirmar: «La paz de Dios llena la mente de esa persona». También llena su propia mente, por supuesto, ya que está usted al mando del movimiento de sus pensamientos. Puede actuar usted a partir de la ira, le odio, la venganza... o de la paz, la armonía y la buena voluntad.

Nunca conceda a los demás el poder para alterarle. Si lo hace les estará poniendo en un pedestal y convirtiéndoles en dioses o diosas. Dese cuenta de que no tienen la capacidad de molestarle porque el poder está en usted. El Único Poder y Presencia es omnipotente y supremo. ¿Por qué, pues, tendría que adorar a dioses falsos?

En el momento en que se vea tentado a reaccionar de forma negativa, identifíquese de inmediato con su objetivo, que es siempre la paz, la armonía, la sabiduría, las acciones correctas y los logros. Concéntrese en su ideal de inmediato y saldrá victorioso.

Puede dedicar su atención a las carencias, la pérdida y la desgracia... o al éxito, la salud y la prosperidad. Aquello que imagine y que sienta que es verdad sucederá. Por tanto, permita que su mente se convierta en el taller de Dios, que es como debería ser. Por ejemplo, una madre cuyo hijo se esté retrasando bastante en volver a casa puede empezar a imaginarse que le ha sucedido algún desastre e imaginar que se encuentra en el hospital; o puede centrarse en pensamientos de curación y en el Único Poder y Presencia, sabiendo que su hijo se encuentra bien.

Está usted aquí para permitir que su luz brille, de modo que los demás puedan ver sus buenas obras y glorificar al Padre en los cielos. Debe tener fe y una confianza completa en el amor ilimitado del Infinito, que sólo busca expresarse a través de usted. Identifíquese, mental y emocionalmente, con la Presencia Divina. Sienta y sepa que es usted un canal para la manifestación de todos los atributos y el poder de Dios. El Espíritu Infinito fluye a través de usted en forma de armonía, salud, paz, alegría y abundancia.

A medida que repita estas verdades frecuentemente, su mente quedará imbuida de ellas, y se verá obligado a llevar adelante sólo aquello que es bueno, hermoso y verdadero.

Se convertirá en una persona predestinada Divinamente cuya única misión en el mundo será la de seguir las órdenes del Ser Eterno. ¿Las órdenes de quién está usted llevando a cabo? Cualquier idea en la que se concentre le dominará y le obligará a hacerla realidad. Empiece ahora a darse cuenta de que no hay límites para sus posibilidades. Sienta y crea que la Presencia Divina es su compañera silenciosa, que le aconseja y le dirige. Mientras haga esto, su vida será maravillosa, satisfactoria y constructiva.

La oración es la contemplación de las verdades de Dios desde el punto de vista más elevado. Cuando usted dice: «Dios me ama y se preocupa por mí» o «Dios me está guiando ahora», está rezando, y recibirá una respuesta, ya que la naturaleza de la Inteligencia Infinita es la capacidad de respuesta. *Invócame y te responderé. Estaré contigo en los malos momentos. Te exaltaré porque has conocido Mi nombre.* Mientras se alinea con la Sabiduría Divina, vivirá una vida mejor que la que nunca hubiera soñado, estará radiante y será feliz y libre. A través del poder del Todopoderoso conseguirá grandes cosas.

La Biblia describe cómo Jesucristo resucitó al hijo de una viuda de entre los muertos:

> *Y cuando Él se acercó a las puertas de la gran ciudad, estaban sacando a un hombre muerto, y era el único hijo de su madre, que era viuda. Y una gran muchedumbre de la ciudad la acompañaba. Cuando el Señor la vio, sintió compasión por ella y le dijo: «No llores». Entonces se acercó y tocó el ataúd abierto, y los que lo portaban se quedaron quietos. Y dijo: «Joven, te lo orde-*

no, levántate». El muerto se sentó y empezó a hablar. Y Él lo entregó a su madre.

Éste es un maravilloso drama psicológico que tiene lugar en la consciencia humana. El hombre muerto de la Biblia es el deseo que no ha conseguido usted hacer realidad. Puede que quisiera ser cantante pero que dijera: «No puedo hacerlo. No conozco a la gente adecuada». No obstante, mientras afirma que ahora es lo que quiere ser y se da cuenta de que el Poder Todopoderoso emite una canción de triunfo a través de usted, entonces estará resucitando al hombre muerto de su interior.

O puede que padezca una larga enfermedad. Mientras afirma: «Soy el Señor que te cura. Vendré y restauraré tu salud y restañaré tus heridas», experimentará el poder curativo milagroso de Dios fluyendo a través de usted. Esta presencia restablece la armonía, la salud y la paz en todo su ser.

Las verdades eternas deberían ser dominantes en su mente consciente. Cuando entroniza verdades sagradas en su consciencia, éstas generan una emoción encantadora, su corazón se convierte en un cáliz para el amor de Dios y empiezan a desplegarse maravillas en su vida.

Hace mucho tiempo, una amiga mía quedó paralizada cuando una máquina pesada le cayó encima. Tuvo que volver a aprender a andar y a hablar, pero se dio cuenta de que el Poder Curativo trabajaba en su interior. Siguió afirmando su plenitud y su perfecta salud. También obtuvo atenciones médicas y bendijo a los doctores que la ayudaron, porque toda curación es espiritual. Afirmaba: «Dios me dio una voz, y hablo claramente y bien. Aconsejo a la gente y vuelvo a caminar». Se imaginaba una y otra vez caminando y llevando una vida plena. Acabó recuperándose plenamente y ha estado atendiendo a gente durante los últimos treinta años. Consiguió eso a través del poder del Todopoderoso.

Nunca debemos permitir que nuestra alegría, paz, amor y fe en Dios mueran. Ese estado mental es la verdadera muerte. En lugar de ello deberíamos privar de alimento a nuestro miedo, ignorancia, superstición, celos y odio. Cuando el miedo muere sólo queda espacio para la fe, y cuando el odio muere sólo queda el amor.

Si tenemos miedo necesitamos desarrollar nuestra fe. Este viaje siempre se produce primero en la mente, ya que el cuerpo no puede hacer nada ni ir a ningún lugar a no ser que la mente le dirija. La consciencia o la conciencia es el único Poder y Fuerza que nos pone en movimiento. La consciencia humana está en un movimiento perpetuo, y la mente siempre está activa, incluso cuando estamos dormidos.

La Biblia dice: «Él [Jesucristo] ordena y genera el viento tormentoso, que levanta las olas del mar… Él calma la tormenta, de modo que sus olas se queden quietas». Jesucristo es su conciencia del Poder Divino en su interior, que le permite conseguir sus objetivos. Él representa su conocimiento y el uso de las leyes de la mente en todo momento y en todos los lugares. El viento representa el terror y la angustia que le atenazan a veces, provocando que vacile y que tiemble con aprensión. Las olas son las emociones negativas de la mente en masa, como la melancolía, el odio y la ira. Cuando su mente se encuentra en paz, la Sabiduría Divina asciende a la superficie, y la confusión queda calmada. Cuando se concentra en Dios, el mar de la paz fluye a través de su consciencia y está usted sereno.

¿Qué debería hacer usted cuando el miedo y la limitación atenazan su mente? Dese cuenta de que su salvador siempre está llamando a la puerta de su mente. Puede que trabaje para el gobierno y que diga: «No puedo ganar más dinero porque he llegado al máximo en el nivel salarial». Está experimentando las olas de la confusión y de la duda brotando en su interior. No obstante, no se ahogue en estas emociones acuosas y negativas. Una escala arbitraria implementada por un departamento gubernamental no puede limitarle. ¡Despierte al don de lo Divino en su interior!

La Presencia que habita en su interior tiene las soluciones a todos los problemas. Sólo sabe las respuestas y no conoce ninguna dificultad insuperable. Por tanto, es usted su propio salvador por la sencilla razón de que la Inteligencia Suprema está en su interior. Los científicos actuales conocen esta verdad: cuando no obtienen una respuesta, dicen: «Pues bien, no preguntamos de la forma adecuada», ya que saben que la respuesta ya está ahí antes de buscarla.

Dese cuenta, en primer lugar, que el logro de su deseo ya es una realidad, incluso aunque todavía no pueda ver los resultados. Luego, comprenda que mediante la unión mental con su deseo puede calmar las olas turbulentas del miedo y la indecisión. A eso se le llama *caminar sobre las aguas*. Su fe es su sentimiento y su conciencia de que aquello por lo que está rezando ya es una realidad. Suponga que está trabajando en un invento. Pues bien, ¿acaso no está en su mente? ¿Acaso no tiene forma, contorno y substancia en la dimensión mental? Puede ser visto por un buen parapsicólogo incluso aunque todavía no lo haya plasmado usted en un papel, ya que es algo real en su mente. Si está escribiendo un libro, los capítulos, los personajes y la historia aparecen en primer lugar en su mente.

Confíe en su imagen mental, ya que es real. Mientras concentra su atención en su ideal, camina usted sobre las aguas y calma las olas del miedo. Entonces el Poder Infinito fluye a través de ese punto focal de atención.

Mantenga la mirada puesta en su objetivo y sepa, en su corazón, que hay un Poder Todopoderoso que le respalda de todas las maneras posibles. Nunca le abandona. Si se centra en el miedo, en las falsas creencias y en el error, se hundirá. En lugar de ello, mire hacia arriba y contemple su deseo, ya que irá usted hacia donde está su visión. Con sus ojos enfocados en Dios, no hay maldad en su camino. Su fe y su confianza le permiten caminar sobre las aguas de la vida hacia pastos más verdes. Los vientos y las olas le obedecerán porque posee usted conocimiento y conciencia espiritual.

La Biblia describe a un hombre que estaba poseído por un demonio y que sufría grandes tormentos. Jesucristo ordenó: «¡Sal de este hombre, espíritu maligno!».

Y Jesucristo le dijo al demonio: «¿Cómo te llamas?».

«Mi nombre es Legión», contestó el demonio. «Somos muchos».

Jesucristo permitió que los espíritus malvados salieran del hombre y entraran en 2000 cerdos que estaban paciendo cerca. Los cerdos corrieron entonces hacia un lago y se ahogaron. Esta historia es simbólica, por supuesto. El hombre poseído es alguien que ha permitido que los pensamientos de remordimiento, odio, venganza, autocompasión e ira se hicieran cargo de su mente pensante y con discernimiento. Éstos son los verdaderos demonios que nos persiguen. Nunca debemos abdicar ni permitir que las emociones destructivas nos controlen.

Como no podemos visualizar una emoción, tenemos que imaginar nuestro ideal en nuestra mente, lo que genera la emoción. Redirigiendo nuestros pensamientos tomamos el mando de nuestra vida emocional.

Conocía a un hombre de Nueva York que temía que, en cualquier momento en el que fuera a un bar, alguna entidad malvada estuviera oculta entre las sombras, esperando para poseerle. Le habían dicho, o había leído en algún lugar, que estos demonios están ahí fuera, y el pobre hombre se lo creyó. No sabía que somos nosotros quienes nos creamos nuestros propios demonios. Esta creencia gobernaba su mente y le provocaba todo tipo de problemas. Empezó a oír lo que creía que eran voces de espíritus, sin saber que estaba hablando consigo mismo. Pensó que estaba conversando con entidades sobrenaturales.

El hombre acudió a un sacerdote, que llevó a cabo un exorcismo para desterrar a los torturadores. Las oraciones ceremoniales del pastor infundieron una gran fe y confianza en la mente subconsciente de este hombre. Era extremadamente receptivo al poder de la iglesia y de sus líderes para expulsar a los llamados demonios. El pastor también tenía confianza en sus plegarias, sus ensalmos, su agua bendita, etc., y se dio una curación maravillosa. El ingrediente inestimable en este proceso fue la fe, que ocasionó un cambio básico en la actitud mental del hombre «poseído» y que generó una curación.

Mucha gente vive en el pasado (en un pleito antiguo, en la forma en que alguien la trató en una ocasión y en cosas que quizás sucedieron hace treinta o cuarenta años). No saben que están recreando las mismas condiciones negativas para sí mismos a través de la ley de la mente: usted manifiesta aquello en lo que piensa y lo que imagina. Cuando habla acerca de fracasos pasados atrae más fracasos para sí mismo. Por tanto, despréndase de los eventos pasados y enterrados y espere las cosas buenas que están por venir, incluyendo la salud, la felicidad y la tranquilidad espiritual.

Cuando rehúsa reconocer sus prejuicios, su fastidio y sus rencillas, estas ideas quedan encajadas bajo el nivel consciente de la personalidad. Cuando abriga estos pensamientos negativos, se sumergen en la zona inconsciente de la mente como un ascua que explotará más tarde o más temprano. No obstante, si sostiene sus prejuicios y sus celos frente a la luz de la razón y la sabiduría, se disolverán y se verá liberado para llevar una vida normal.

Sería bueno para todos nosotros echarnos un vistazo, detenidamente, a nosotros mismos y ver si las cualidades que criticamos con tanta dureza en los demás no están en nuestro interior.

Cuando se le pide que rece por personas que sufren trastornos psicóticos, no podrá obtener su cooperación, ya que no tienen la capacidad de razonar y discriminar. Cuando lleva a cabo tratamientos afirmativos para ellos, tiene que hacer usted todo el trabajo. Tiene que convencerse a sí mismo de la libertad, la paz, la armonía y la comprensión de estos individuos. No les imagine atados a una cama o una silla, sino como seres humanos sanos. Puede pronunciar la siguiente oración dos o tres veces al día:

Ahora decreto que la inteligencia, la sabiduría y la paz de Dios se manifiestan en estas personas, y que son libres y felices y están radiantes. La alegría del Señor es su fuerza. Se ven iluminados desde el Altísimo y ahora su mente funciona correctamente. La mente de Dios es la única mente real y eterna. Ésta es la mente de ellos, y están calmados, relajados y tranquilos. Están llenos de fe en la Presencia y Poder Infinitos y en todas las cosas buenas. Decreto esto, lo siento y ahora les veo como seres plenos y perfectos. Gracias, Padre.

Ésta es una oración maravillosa para ayudar a la gente que está mentalmente desequilibrada. Repitiéndose estas verdades, y dándose cuenta de que no hay más que una mente, facilitará una gran curación. No debería conceder, en ningún momento, poder a los síntomas o a los pronósticos. En lugar de ello debería usted tener fe en la Presencia Infinita, que siempre responde a sus plegarias. *Te devolveré la salud y curaré tus heridas, dice el Señor.*

Cuando reza por alguien, abandona usted el mundo de las apariencias y las circunstancias. Afirma que la esencia de la persona (la Presencia Divina) no puede estar enferma, confundida o demente. Nada podría dañar nunca al Espíritu Viviente Todopoderoso, que es la sabiduría ilimitada, la paz absoluta y el amor sagrado. La persona a la que está tratando posee todas estas cualidades. Cuando medita sobre el Ser Eterno, las opiniones fijas que apartan a la gente del río de la paz y del amor de Dios desaparecen.

La Biblia dice: «¡Elevaré mis ojos hacia las colinas, desde donde acude mi ayuda!». Las colinas hacen referencia al Dios de su interior, que es la Fuente de toda la sabiduría y el poder. La Biblia también dice: «Quédate quieto y descubre que soy Dios». Detenga los engranajes de su mente y piense en Dios y en Su amor. Contemple el río de la paz y la alegría del Señor fluyendo a través de usted. Su mente se asentará y reflejará las luces y las verdades celestiales. Afirme constantemente que la sabiduría, la verdad y la belleza de Dios se encuentran en todas sus formas de ser. Siempre que surja la preocupación, dese cuenta de que Dios no le ha dado un espíritu de miedo, sino de amor, poder y una mente cuerda. Dios le está orientando ahora.

En pocas palabras

No hay nadie en todo el mundo como usted, y Dios le necesita ahí donde está: de otro modo, no estaría usted aquí. Expulse el miedo, las dudas y la mala voluntad de su mente. Confíe en la Presencia Divina por completo y diga: «Tengo fe y confianza. Puedo hacer de todo a través del Poder de Dios que me fortalece, me consuela y me dirige». Luego observe las maravillas que llevará usted a cabo.

Cuando empiece a disciplinar su mente, no permita que las dudas, la ansiedad o las falsas impresiones del mundo le intimiden. En lugar de ello, dirija todos sus pensamientos de forma constructiva, ya que tiene usted el completo dominio.

La oración es la contemplación de las verdades de Dios desde el punto de vista más elevado. Cuando dice:

«Dios me ama y se preocupa por mí» o «Dios me está orientando ahora», está usted rezando. Y siempre recibirá una respuesta.

Nunca debemos permitir que nuestra alegría, paz, amor y fe en Dios mueran. Ese estado mental es la verdadera muerte. En lugar de ello, deberíamos dejar perecer a nuestro miedo, ignorancia, superstición, celos, envidia, odio y otras cualidades negativas. Cuando el miedo muere sólo queda espacio para la fe, y cuando el odio desaparece sólo permanece el amor.

Dese cuenta, en primer lugar, de que su deseo ya es una realidad, incluso aunque todavía no pueda ver los resultados. Luego comprenda que mediante la unión mental con su deseo puede superar las olas turbulentas del miedo y la indecisión.

Cuando alimenta pensamientos de venganza y remordimiento, éstos se sumergen en el área inconsciente de la mente como un ascua que explotará tarde o temprano. No obstante, si maneja sus pensamientos inteligentemente, podrá ser libre y llevar una vida satisfactoria.

Siempre que surja el miedo, dese cuenta de que Dios no le dio un espíritu temeroso, sino que le dotó de amor, poder y una mente sana. La Presencia Curativa localizada en su interior le está orientando ahora.

Capítulo 6

Con Dios es posible

Las historias que apareen en la Biblia son alegorías psicológicas y deben ser interpretadas como tales. Por ejemplo, el Nuevo Testamento describe cómo Jesucristo curó a la hija pequeña de Jairo, el gobernante de una sinagoga que le rogó que le ayudara. Jesús se acercó al lecho de la niña (a la que todos daban por muerta), la cogió de la mano y dijo: «Niña, yo te digo: levántate». Y se levantó y caminó, ya que estaba completamente curada.

En términos metafísicos, es usted Jairo cuando se postra a los pies de Dios, sabiendo que sólo el Poder Curativo Divino dispone de las soluciones a sus problemas. *Jairo* también significa «razón iluminada», ya que aquellos que saben que Dios es omnipotente se ven iluminados.

La hija que estaba muriendo representa su ambición no satisfecha: el deseo de su corazón. Puede que esté pereciendo porque carece usted de la fe para resucitarlo, pero cuando acude usted a Jesucristo o a la Presencia Curativa, puede ser restaurada.

Cuando empieza a pensar en aquello que desea expresar, el poder creativo del Infinito responde; y permaneciendo fiel a su nuevo enfoque mental, resucitará a su «hija» (su idea de un sueño). Sabe, en lo más profundo de su corazón, que su aspiración no está muerta y que puede usted llevarla a cabo.

En la misma historia, la Biblia describe a una mujer que había sufrido de un trastorno hemorrágico durante 12 años. Nadie había podido curarla. Cuando vio a Jesucristo entre la multitud, tocó el borde de su vestidura y, de inmediato, sus hemorragias cesaron. Jesucristo le dijo: «Hija, tu fe te ha curado. Ve en paz».

¿Qué significa esta alegoría? Una interpretación es que *mujer* significa emoción, sentimiento o el yo subjetivo. Como sabemos, una mujer con hemorragias no puede concebir un bebé. Cuando nuestras emociones están desbocadas y no tienen disciplina (cuando estamos llenos de miedo, rabia, odio, resentimiento y autocondenación) sangramos, simbólicamente, y no podemos manifestar nuestros deseos. ¿Cómo puede una persona con una actitud tal verse sanada? El Espíritu Santo no fluirá a través de una consciencia contaminada. El agua de la cañería está esperando para brotar, pero si la cañería está llena de desperdicios, óxido y corrosión, el flujo del agua se verá bloqueado; o si el agua sale, estará tan contaminada que no la beberíamos.

Cuando reza, debe perdonar (a usted mismo y a todos los demás). Debe tener una mente pura y un corazón abierto, como los de la mujer cuando tocó la vestimenta de Jesucristo. Su mente es como un útero que debe ser protegido para que el bebé se desarrolle. Al penetrar en su interior y cerrar la puerta de sus sentidos a todas las evidencias subjetivas, asuma que ya es aquello que desea ser. Dese cuenta de que el poder de Dios le está respaldando y nada puede oponerse a Él ni retarle. Entonces tendrá éxito a la hora de dar forma a su idea o su plan.

La fe es una conciencia de la Presencia y el Poder de Dios y de Su respuesta. No obstante, mucha gente centra su atención en las mentiras, las supersticiones y los conceptos erróneos de todo tipo. Cuando hacemos esto, la confusión impera. En lugar de ello deberíamos fijarnos en la Presencia Divina de nuestro interior y darnos cuenta de que es omnipotente y todo lo sabe. Con nuestra mirada centrada en Dios, no hay ningún mal en nuestro camino. Cuando tenemos fe y afirmamos, mentalmente, la idea de una salud perfecta, el Poder Curativo responde y nos convertimos en seres plenos.

¿Acaso no es verdad que sus cinco sentidos se burlan de usted? ¿Acaso no le retan y le dicen que eso no puede hacerse, que es imposible? Acaso no le dicen que el cáncer ha metastatizado por todo su organismo y que es incurable? Ésta es la razón por la que debe desconectar sus sentidos y dirigir su mente hacia la nueva imagen mental, dándose cuenta de que con Dios todo es posible. Debe acudir a su interior, y la Inteligencia Infinita actuará a su favor. En lenguaje bíblico, está usted tocando el borde de la vestidura. *Según sea su fe, así se hará en usted.*

Mientras envuelve su deseo con el estado propio del amor, se une usted a ello y escoge la armonía, la salud y la paz. Desea la felicidad y todas las bendiciones de la vida a todos. También se da cuenta de que Dios es compasión y de que no puede hacer nada carente de cariño. Su voluntad para con usted es una gran cantidad de salud, de alegría y de dones del cielo. *Bendice al Señor, oh, mi alma... al que cura todas tus enfermedades, al que redime a tu vida de la destrucción, al que te corona con cariño y tiernas bendiciones, al que satisface tu boca con cosas buenas, de modo que tu juventud se vea renovada como la del águila.*

Cuando dice usted «Yo soy/estoy», está anunciando la Presencia del Dios Viviente en su interior: al Padre y a la Madre de todo lo creado. Se da cuenta de que lo que es cierto de Dios es cierto de usted. Tiene usted una sensación de integración con su ideal y desea buena voluntad y felicidad para todos. Adora y venera al Dios de su interior que le creó a partir de una célula. Amar es, en ese sentido, dar todo el honor, el reconocimiento y la gloria al «Ser que es por Siempre». Significa mostrar una sana veneración por el Ser Eterno que moldea su destino. Y cuando ama lo Divino de su interior, muestra usted respeto por la Divinidad que hay dentro de los demás.

En otra parábola de la Biblia, un padre ruega a Jesucristo que ayude a su hijo, que parece estar poseído por un espíritu maligno. El muchacho echaba espuma por la boca, le rechinaban los dientes y sufría convulsiones. El padre suplicó a Jesucristo: «Si puedes hacer algo, ten piedad de nosotros y ayúdanos».

Jesucristo respondió: «¿Si puedes? Todo es posible para aquel que cree».

Entonces, Jesús reprendió al espíritu maligno: «Tú, espíritu sordo y mudo, te lo ordeno: sal de él y nunca vuelvas a entrar en su interior».

El espíritu salió del cuerpo del muchacho, que quedó completamente curado.

Aunque el pasaje bíblico no menciona la palabra *epilepsia*, dado que el chico echaba espuma por la boca y que sufría convulsiones, es probable que padeciera esta enfermedad. Los griegos creían que la epilepsia era provocada por la luna, que en la simbología antigua representaba a la mente subconsciente. La Biblia nos está diciendo, por tanto, que el muchacho tenía una bolsa subconsciente tóxica que provocaba sus convulsiones o sus ataques epilépticos.

La psicología y la psiquiatría modernas han demostrado que los trastornos físicos y mentales tienen su raíz en la profundidad de la mente subconsciente, a la que se refieren con el nombre de *inconsciente*. Los patrones subconscientes negativos provocan muchos tipos de enfermedad. Cuando el subconsciente se ve mancillado por el odio, el resentimiento, la ira, etc., la gente se vuelve demente o sufre una crisis de nervios. Acaban en el hospital porque van en contra del Principio de la Vida, que busca fluir en forma de armonía, belleza, amor, paz, alegría, ritmo y orden.

No importa, realmente, si el niño de esta historia sufría epilepsia o no. Lo que es importante es darse cuenta de que con Dios todo es posible.

La Biblia dice que la enfermedad puede curarse a través de la oración y el ayuno. *Ayunar* significa abstenerse de las evidencias de los sentidos: del miedo, la ignorancia, los dogmas y la superstición. Necesitamos ayunar de los venenos del mundo y de las falsas creencias de la mente de la masa. También necesitamos *darnos un festín* de la fe en la bondad y la sabiduría de Dios, que era la misma ayer, es la misma hoy y será la misma por siempre.

Demostramos nuestra devoción y amor por el Infinito identificándonos con las cualidades y los atributos Divinos y rechazando, absolutamente, reconocer que la maldad o la enfermedad tienen algún poder sobre nosotros. La Presencia Curativa siempre está buscando expresarse a través de todos en forma de salud, alegría, belleza y buena voluntad. Debido a nuestra fe en el Único Poder podemos reivindicar una armonía y una paz perfectas.

Un niño crece a imagen y semejanza del clima mental y emocional de su hogar. Por ejemplo, si un padre y una madre están peleándose y maltratándose, el bebé que está en la cuna capta eso y padece todo tipo de enfermedades. He visto eso muchas veces. Sin embargo, cuando los progenitores rezan juntos, honran a la Divinidad que hay en el otro y hablan con amabilidad, el niño medra en esa atmósfera. Él o ella dejan de padecer irritaciones cutáneas, asma, fiebre y muchos otros problemas.

El fracaso a la hora de provocar una curación es provocado por una ausencia de fe en la mente de la persona que intenta llevar a cabo un tratamiento afirmativo. La enfermedad o trastorno está, de hecho, aferrando al médico, que no es consciente de la verdad de la perfección del paciente. Cuando somos incapaces de conseguir una curación es que hemos fracasado a la hora de fijar la mirada de nuestra mente en la personificación de esa persona de la plenitud, la belleza y la perfección. Por otro lado, cuando recemos con fe obtenemos resultados.

Mucha gente tiene la creencia profunda e inconsciente de que ciertas enfermedades (como la psicosis, el cáncer y cosas de ese estilo) son difíciles de curar. Cuando ven a una persona mentalmente enferma con síntomas graves, quedan fijados en ese problema. No obstante, debemos desprendernos completamente de las evidencias de los sentidos e identificarnos con la Presencia Curativa Omnipotente de nuestro interior sin prestar atención a las apariencias ni a los síntomas. Debemos curar a la persona en nuestra mente y llegar a la conclusión de que Dios opera a través de ese individuo en forma de armonía, paz, amor, alegría, inteligencia y sabiduría. Mientras sigamos haciéndolo, nuestros pensamientos resucitarán en la mente de la otra persona, que experimentará una gran recuperación.

Aquí aporto un tratamiento u oración que uso para tratar trastornos como la demencia, la epilepsia o lo que resulte ser: acudo a mi interior y menciono el nombre del paciente. Luego pienso en la Presencia de Dios durante tres o cuatro minutos, morando mentalmente en la paz infinita y en el amor Divino en las profundidades de mí mismo. Al mismo tiempo, afirmo que aquello que es verdad para el Infinito es verdad para esa persona por la que estoy rezando. Intento alcanzar la sensación de que la mente del paciente al que estoy tratando es armoniosa. De esta manera induzco un estado de paz, buena salud y serenidad. Cuando siento que lo he hecho lo mejor que he podido, me detengo y afirmo que la persona es plena.

Repito este tratamiento dos o tres veces al día (o con tanta frecuencia como crea necesario). Siempre rezo como si nunca antes lo hubiera hecho: con fe y entusiasmo. Lo principal es seguir intentándolo hasta que se levante el día y las sombras desaparezcan de mi mente. Hace falta insistencia y rechazar el «No» como respuesta. El principal objetivo de todas las oraciones por los demás es obtener el sentimiento de una alegría interior, y Dios hará el resto. Al orar debemos acudir al sentimiento que hay en nuestra mente, que es esa Inteligencia Infinita en la que vivimos y nos desplazamos. También es un estado de paz y reposo interior. Al entrar en este lugar con frecuencia veremos el cielo en la Tierra.

Sepa que hay un Poder Curativo milagroso en su interior. El poder edificante y vigorizante de la Presencia Curativa está restaurando ahora cada átomo de su ser. El Dios que hay dentro de usted quiere purificarle, llenarle de vida y hacer que sea usted un ser pleno. Confiamos plenamente en la Presencia Curativa Infinita y sabemos que está haciendo que todos sus asuntos estén bajo el orden Divino. Vea y sepa que Dios es vida y que se está manifestando a través de usted ahora. Esta vida está fluyendo a través de usted armoniosa, pacífica, gozosa, amorosa y hermosamente. Cada una de sus células baila al ritmo del Dios eterno.

Reivindique que el Infinito se revela a sí mismo a través de usted en forma de fortaleza, pureza, belleza, plenitud, perfección y una juventud eterna. El poder rejuvenecedor del Espíritu Todopoderoso está ahora funcionando en su interior, haciendo que sea usted puro, fresco y que irradie la vida Divina. A cada momento está usted haciéndose más fuerte, sano, feliz y joven. La energía dadora de vida e inagotable de Dios está fluyendo a través de usted ahora, y se siente usted maravillosamente bien. El Dios Poderoso, el Padre Eterno y el Príncipe de la Paz están en su interior. Dios le creó y le respalda, ya que es el Espíritu Viviente que está dentro de usted: su consciencia y su conciencia.

El Espíritu no tiene cara, contorno ni aspecto. No tiene forma ni edad. Adorar es dedicar su lealtad suprema al Dios que hay en su interior. Debe saber usted, en lo más profundo de su corazón, que Él está más cerca de usted que su aliento y que sus manos y sus pies. Él le está curando ahora.

El Poder Curativo nunca nació y nunca morirá. Todos en el mundo tienen el don de la curación, ya que la Presencia Infinita está en el interior de todas las personas. Está funcionando dentro de usted las veinticuatro horas del día, ya sea usted consciente de ello o no.

¿Ha pensado alguna vez en los cortes, cardenales y rozaduras que se hizo cuando era joven? ¿Se dio cuenta de la Inteligencia Infinita estaba trabajando? Cicatrizó sus cortes y generó una piel y unos tejidos nuevos. Ha experimentado usted cientos de curaciones desde que nació. Probablemente, éstas se dieron sin que fuera usted consciente del proceso. De hecho, la Inteligencia de su interior está renovando constantemente su cuerpo. La fe provoca que este Poder Divino se acelere tremendamente: tanto que puede experimentar usted una curación instantánea.

Muchas personas obedecen el *Sabbath* desde un punto de vista literal, pensando que es un pecado clavar un clavo o llevar a cabo algún tipo de trabajo en este día de descanso. El *Sabbath* también puede ser considerado, de forma más figurada, como un reposo interior o conocimiento silencioso del alma. Es el intervalo de tiempo entre su oración y su manifestación.

Está usted en el *Sabbath* cuando ha aceptado, en su mente, que su oración ya ha recibido respuesta. Ha llegado usted al séptimo día, que significa, psicológicamente, el *momento de la convicción*. Su corazón está inflamado por la gloria del Infinito y por la certeza de Su respuesta. En ese momento experimentará una transfusión Divina instantánea de energía, poder y vida.

Debemos darnos cuenta de que los actos, los rituales y las ordenanzas externas de una iglesia o de cualquier otra organización religiosa no suponen un verdadero culto. Puede obedecer usted todas las normas y reglas de su iglesia y, al mismo tiempo, violar las leyes de Dios en su corazón. Puede asistir a los servicios religiosos a diario y, aun así ser muy poco religioso.

Debemos ser conscientes del hecho de que el único cambio que importa es el interior: una transformación del corazón en la que, de hecho, se ha enamorado de los valores espirituales. La religión pertenece al alma, y no a los labios. ¿Cree usted en la bondad de Dios en la tierra de los vivos? ¿Se regocija en la alegría del Señor, que es su fuerza? ¿Sabe que la voluntad del Infinito para con usted es vida, amor, verdad y belleza, que van más allá de sus sueños más queridos? Si tiene este tipo de convicción tendrá una religión maravillosa.

La sinagoga de la Biblia representa su mente, donde los pensamientos, los sentimientos, los estados de humor y las opiniones se reúnen. Cuando está usted enfermo, padece un patrón negativo de pensamientos en su profundidad subconsciente y se ve lleno de miedo y dudas. Debe usted dar muerte, psicológicamente, a estos pensamientos preguntándoles de dónde proceden. ¿Acaso no son simplemente sombras sin credenciales celestiales? ¿Se ha sentado alguna vez y se ha preguntado acerca de la fuente de las ideas en las que cree? ¿Son sus pensamientos verdad o son ilógicos y están faltos de rigor científico? ¿Insultan a la inteligencia de un niño de diez años?

Dígase a sí mismo: «No creeré en nada que no se adapte a las verdades eternas, ya que la verdad nunca cambia: era la misma ayer, es la misma hoy y será la misma siempre».

La Dra. Fleet, psicóloga en la University of London, me explicó que durante la Segunda Guerra Mundial, estaba en la calle cuando una bomba impactó en un hospital en el que estaban internados algunos pacientes que habían estado paralizados durante entre 18 y 20 años. Cuando se produjo la explosión, bajaron por las escaleras y salieron al exterior a pesar de que eran paralíticos. Algunos de los pacientes aceptaron la curación y todavía caminan a fecha de hoy, apuntaba la Dra. Fleet. Otros dijeron: «Estoy paralítico. No debería poder caminar» y, por supuesto, volvieron a su estado de parálisis.

Durante la emergencia originada por el bombardeo, el deseo de salvar su vida se apoderó de su mente. Se olvidaron de que estaban lisiados y el Espíritu Todopoderoso empezó a moverse en su nombre. Ese Espíritu también se encuentra en su interior... y no tiene que esperar usted a que explote una bomba para descubrirlo. Imagínese que está siendo sanado ahora. Haga esto con tanta frecuencia como sea necesario y se alzará y caminará en el poder de Dios.

Cuando la mente está llena de estrés, se produce un efecto correspondiente en el organismo, y los órganos se colapsan. Si alguien está poseído por el odio, el miedo o un resentimiento profundamente arraigado, el veneno mental que produce puede corroer y provocar que los órganos fallen. Por ejemplo, cuando el padre de Barry K. falleció debido a un fallo renal, Barry se asustó mucho de que le pudiera suceder lo mismo. Tal y como he señalado antes, aquello que teme usted con gran terror le sucederá.

Barry empezó a experimentar síntomas similares a aquellos que había sufrido su padre en las primeras fases de su enfermedad. Le recetaron algunos medicamentos que le ayudaron un poco, pero estaba convencido de que tendría que empezar con la diálisis al cabo de algunos años. Después de consultarme, empezó a ver la verdad: que su miedo era una perversión de la verdad. Barry se dio cuenta de la verdad acerca de su situación y expulsó a la mentira. Cooperó con sus médicos, pero también razonó que el Poder Curativo que le había creado seguía presente en su interior. Sabía que su enfermedad se debía a los pensamientos desordenados; por tanto, empezó a modificar sus ideas para adaptarse al patrón Divino. Antes de irse a dormir por la noche, afirmaba lo siguiente con mucho sentimiento:

La Presencia Curativa va a trabajar ahora transformando, curando, restaurando y controlando todos los procesos de mi cuerpo. No hay otro poder. Reposo, sintiéndome seguro, en este conocimiento, y sé que el amor y la sabiduría Divinos funcionan a través de mí. Experimento una salud, una armonía y una paz perfectas.

Repitió esta oración con una comprensión y un sentimiento profundos cada noche durante unos treinta días. Al final de ese periodo su mente había alcanzado una convicción de plenitud y salud.

Asistí a un servicio religioso hace algunos años en el que el pastor pronunció un muy buen discurso sobre la curación Divina. Después del servicio religioso, un miembro de la congregación le dijo: «Está muy bien decir: «Jesucristo cura», pero no nos venga diciendo que todos podemos hacerlo». ¿Puede imaginarse escuchar una afirmación como ésa en ésta, la llamada era de la ilustración? Fíjese en los hospitales de todo el mundo. La gente con trastornos psicóticos es curada, los minusválidos aprenden

114

a caminar, y muchos afectados por la epilepsia son sanados. Las personas también están siendo curadas en capillas o santuarios, a través de la imposición de manos o mediante otros tratamientos espirituales. Los periódicos publican muchos artículos sobre la completa remisión del cáncer incluso después de haber metastatizado hacia el cerebro. Debemos recordar que el Principio de la Vida siempre está curando nuestros cortes, cardenales, esguinces y rozaduras. Su tendencia es la de curar y restaurar.

Un científico cristiano me explicó que una vez se tragó, por error, un líquido venenoso. Era un médico espléndido que tenía una gran fe en el Poder de Dios. Me dijo que se encontraba a más de 160 kilómetros de cualquier tipo de ayuda, por lo que tenía que confiar únicamente en el poder subjetivo y en la sabiduría de su interior. Decía que se quedaba muy quieto y que rezaba: «Dios está en Su templo sagrado, y Su Presencia llena cada órgano y célula de mi ser. Allá donde Dios está, sólo hay orden, belleza y una función perfecta. Su Presencia Sagrada neutraliza cualquier cosa que no tenga que ver con Él».

Repitió este tratamiento durante una hora y, aunque quedó muy debilitado, acabó por experimentar una recuperación completa. ¿Podría alguien ingerir un veneno corrosivo confiando en que el Poder Infinito anularía sus efectos perniciosos? No recomiendo un experimento tal, pero creo, con una certeza absoluta, que en caso de una emergencia como ésta, el estudiante sincero de la verdad puede mirar a Dios con una fe y una convicción absolutas y salir indemne de la experiencia.

Si cree que está sufriendo debido a los pecados cometidos en una vida anterior, estará creándose su propio infierno justo aquí y ahora. Es una creencia mórbida. El pasado ya ha pasado y nunca más es recordado. No debería usted cuestionar a Dios y ni al hecho de que es Su voluntad que esté usted enfermo o que Él le esté poniendo a prueba. ¡Eso es absurdo! Por tanto, deje de pensar que tiene que llevar a cabo una expiación por algún error que cometió en el pasado. ¡Perdónese! Cambie sus pensamientos ahora y la mente más profunda responderá.

Crea en un Dios del amor y Él limpiará todas las lágrimas de sus ojos. No habrá más pena, dolor o confusión. La voluntad de Dios es belleza, amor, armonía, alegría, plenitud y perfección. El Ser Todopoderoso de su interior le está guiando ahora.

En pocas palabras

Su pensamiento es creativo. Cuando empieza a pensar en lo que desea expresar, el Poder Creativo le responde. Permaneciendo fiel a su nuevo enfoque mental, manifestará su idea o su sueño.

Vuélvase hacia la Presencia Infinita de su interior. Dese cuenta de que es omnipotente y completamente sabia. Si afirma usted mentalmente la idea de una salud perfecta, comprendiendo que la plenitud, la belleza y la perfección de Dios están fluyendo a través de usted ahora, el Poder Eterno le responderá y le curará.

Podemos obedecer todas las reglas y las normas de nuestra iglesia y, al mismo tiempo, violar las leyes de Dios en nuestro corazón. Podemos asistir a los servicios religiosos cada día de la semana y, aun así, no ser religiosos. Por tanto, debemos ser conscientes del hecho de que el único cambio que importa es el interior: una transformación del corazón en la que nos enamoramos de los valores espirituales.

Perdónese, ya que el pasado ya ha pasado y ya nunca más es recordado. Cambie sus pensamientos ahora y la mente más profunda responderá. No debería usted cuestionar a Dios y decir que es Su voluntad que usted esté enfermo. Por el contrario, la intención Divina es armonía, belleza, amor, paz, alegría, plenitud y perfección. Dios, en su interior, le está guiando ahora.

Capítulo 7

El médico trata; Dios cura

Los médicos, los psicólogos, los pastores y los sacerdotes no curan a todo el mundo. Simplemente facilitan el Poder Curativo de Dios. Por ejemplo, los cirujanos extirpan tumores, eliminando así bloqueos y allanando el camino para que el Poder Curativo restaure la salud. Los psicólogos y los psiquiatras se esfuerzan por eliminar los bloqueos mentales y por animar a los pacientes a adoptar una nueva actitud que ayude a la Presencia Curativa a fluir a través de ellos en forma de salud, alegría y paz. Los pastores enseñan a las personas a perdonarse a sí mismas y a los demás, y a sintonizar con el Infinito, permitiendo que el amor, la armonía y la buena voluntad eliminen todos los patrones negativos de su subconsciente.

La naturaleza del Infinito es la de un amor incalculable, una inteligencia ilimitada, una armonía absoluta y una paz perfecta. No tiene principio ni final. El Poder Curativo está presente en cada hombre y mujer y está morando en su corazón ahora. Además, las curaciones se dan ahora justo igual que se daban hace miles de años, ya que Dios es eterno y omnipresente.

Cuando cree usted que Dios le está poniendo a prueba o le está castigando, pone usted en marcha las leyes de su propia mente, que se manifestarán en forma de problemas, enfermedad y dificultades. De hecho, se está usted castigando a sí mismo, ya que atrae usted experiencias hacia su vida: ya sean felices o dolorosas. La Inteligencia Infinita es la vida de su interior, y cuando comprende usted las leyes de su mente y las aplica de forma constructiva, ya no está usted ciego.

Recuerdo haber leído, hace algunos años, una afirmación que el Dr. Elmer Hess pronunció cuando fue nombrado presidente de la Asociación Médica Estadounidense. Dijo que un médico que no cree en Dios no tiene nada que hacer en la habitación de un enfermo. Creo que la mayoría de los doctores están de acuerdo en que la fe en Dios tiene un efecto profundo sobre el mantenimiento de una salud perfecta. El médico trata a los pacientes, y Dios les cura.

Puede usted llevar a cabo lo que llamamos *milagros* en su propia vida. Un milagro es una confirmación de aquello que es posible, ya que con Dios todo es posible. No espere a que algún ángel o santo le cure. No se pregunte si Dios quiere que se cure usted o no. *Todo está dispuesto si la mente lo está.*

El primer paso en la curación es desprenderse de su miedo con respecto a lo que está experimentando ahora. El segundo paso consiste en darse cuenta de que sus problemas actuales son, simplemente, producto del pensamiento pasado, que no tendrá más poder para continuar existiendo. El tercer paso consiste en exaltar a Dios, que quiere curarle. Este proceso detendrá la producción de todas las toxinas mentales que le están haciendo daño. Eleve usted su consciencia y se verá a sí mismo tal y como quiere ser. Viva en la encarnación de su deseo, y aquello que anhela se manifestará pronto.

No se permita verse zarandeado por los pensamientos tóxicos que impregnan la mente de tantas personas. Los más perjudiciales son el miedo, el odio (que en realidad es ignorancia), la autocompasión y la autocondenación. Estos venenos se filtran a través del flujo sanguíneo psíquico, contaminando los pozos de la esperanza y la fe y provocando todo tipo de enfermedades mentales.

El antídoto espiritual consiste en encontrar al Dios de su interior e intoxicarse con la Presencia Divina. Puede enamorarse perdidamente del nuevo concepto de que los pensamientos son cosas, y que llenando su mente de valores espirituales puede transformar toda su vida y experimentar salud, felicidad, amor y alegría. Puede entusiasmarse desenfrenadamente, sabiendo que la ley de la atracción opera por siempre en su vida. Entonces avanza usted en la luz del «Ser que es por siempre».

La Biblia dice que mientras Jesucristo viajaba hacia Jerusalén, pasó por Samaria y vio a diez leprosos de pie, alejados. Los hombres elevaron su voz: «Jesucristo, Maestro, ten piedad de nosotros».

Jesús dijo a los hombres que acudieran a los sacerdotes, y mientras iban, se vieron curados. Cuando uno de los hombres se dio cuenta de que había sanado, alabó a Dios y cayó al suelo dando gracias.

Jesucristo preguntó: «¿Acaso no fueron diez los curados? ¿Dónde están los otros nueve? ¿Acaso no encontraron a ninguno de ellos que volviera para glorificar a Dios salvo este desconocido?». Luego, Jesús le dijo al hombre curado: «Levántate y vete. Tu fe te ha hecho pleno».

Este maravilloso relato de los leprosos es una historia sobre todos nosotros. En la Biblia, la palabra *leproso* representa un estado de no-limpieza. Indica una mente afectada por unos deseos conflictivos y unas ideas confusas. La lepra es una enfermedad debilitante, tal y como sabe usted. Por tanto, tipifica el estado de aquellas personas que han perdido la vitalidad y el entusiasmo por la vida ya que se han apartado, psicológicamente, de la Fuente de toda vida. Padecemos un estado de lepra cuando estamos llenos de envidia, resentimiento, ira, odio y autocondenación.

El lamento de los diez leprosos es el llanto del mundo. Es la petición de cada persona preocupada, frustrada y neurótica al Maestro o Poder Espiritual de su interior, que puede, Él solo, proporcionar tranquilidad de espíritu y una buena salud. Al igual que los leprosos alzaron la voz, se eleva usted mentalmente cuando se vuelve, con reverencia, hacia la Presencia Espiritual que cura todas las enfermedades.

La palabra *sacerdote* es un símbolo de la percepción espiritual, una conciencia intuitiva de las grandes verdades del Infinito. Un sacerdote es alguien que ofrece un sacrificio, y cada uno de nosotros es un sacerdote de Dios cuando nos alejamos de los falsos dioses de la mente irracional de la masa, con sus miedos y supersticiones. Sacrificamos nuestros pensamientos negativos y nuestras falsas creencias y contemplamos el amor, la paz, la belleza y la perfección.

Renunciamos al resentimiento, la depresión, la autocompasión y nos regocijamos en la alegría, la amabilidad y la armonía. Nos desprendemos de las ideas relativas al karma y la predestinación, y prometemos nuestra lealtad al Ser Eterno, que no condena, no castiga y no nos envía males y enfermedades.

En el relato, Jesucristo representa el ideal o el deseo que siempre está haciéndole señas para que avance hacia delante y hacia arriba. Su visión le está diciendo: «Levántate y acéptame». Cuando eleva su deseo en la consciencia hasta llegar al punto de aceptación, experimenta usted la verdad de la afirmación: «Tu fe te ha hecho pleno».

Todas las experiencias de su vida son resultado de la interacción de su propia mente subconsciente y consciente. No hay ninguna otra causa, poder o substancia en el mundo. Cuando las dos mentes funcionan armoniosa y constructivamente, se da una feliz unión. Mientas medita sobre los valores espirituales de la vida, recibe usted una transfusión de amor, fe, confianza y energía que corre por sus venas y transforma todo su ser. Cuando su oración recibe respuesta, dispone de paz y alegría y se ve sanado. Todo se consigue a través de la fe en las leyes creativas de su propia mente y de la respuesta de la Inteligencia Suprema.

Cuando cree usted en Dios y en el mal, se encuentra en un estado de doble moral y experimenta conflictos y frustración. La batalla está teniendo lugar en su propia cabeza. No sabe en qué creer, ya que está usted confuso. Se fija en su entorno, sus circunstancias y sus condiciones y se dice a sí mismo: «No hay esperanza. Padezco una enfermedad terminal». En ese momento está diciendo usted: «Dios no puede curarme». Cuando se lamenta y dice: «No hay salida. Este problema no puede resolverse», está afirmando que Dios no conoce la respuesta. En ese instante está usted siendo un ateo. Por supuesto, se trata de afirmaciones absurdas. Está transfiriendo el poder de su interior a las condiciones externas. Puede que esté echando la culpa de sus problemas a las condiciones climáticas, a otras personas o a una maldición. Puede que incluso le esté echando la culpa a las estrellas. No obstante, las estrellas no son más que moléculas que se desplazan por el espacio. Dios las creó y las consideró buenas. No hay nada malo en ninguna cosa: sólo depende de lo que haga usted con ello.

Debe aprender a no exaltar más a una cosa creada que al Creador. Debe resolver el conflicto acudiendo a su interior y exponiendo su caso ante el Gran Tribunal: la Única Presencia y Poder. En la cámara secreta de su propia mente, muestre un reconocimiento supremo a lo Divino que hay en su interior. Fíjese en los pensamientos temerosos y negativos y ordene que salgan de su mente, dándose cuenta de que sólo son una ilusión del poder.

Recuérdese que sólo hay Un Poder Creativo y que ahora está fluyendo a través de su patrón de pensamiento, aportándole el bien que busca. Siga haciendo esto regular y sistemáticamente hasta que se solucione la situación. Ha condenado al culpable (los pensamientos negativos) y ha liberado al prisionero (su deseo) en los brazos del Señor (su yo subjetivo). A través de la repetición, la fe y la expectación, su deseo ha penetrado en profundidad en su mente subconsciente. La carga que ha estado llevando ha quedado eliminada, ya que ha rechazado sus antiguas creencias. Se imbuye de la luz de Dios, sabiendo que sólo Él conoce la respuesta.

Sabemos que, incluso aunque hayamos cometido crímenes terribles, podemos volvernos, instantáneamente, hacia la Presencia de Dios en nuestro interior. Afirmando y sintiendo que ahora somos la persona que Dios quiere que seamos: un individuo feliz, pacífico y cariñoso. La ley de Dios responde automáticamente a nuestro nuevo patrón mental y el pasado es olvidado.

No estamos hablando de una plegaria holgazana, ¡no! Estamos refiriéndonos a una transformación real del corazón en la que deseamos convertirnos en una nueva persona en Dios y deseamos que el Amor y la Paz Divinos penetren en nuestra alma. Entonces, el espíritu responde, ya que es eterno e ilimitado. Como resultado de la transformación Divina, los ladrones y los drogadictos se están redimiendo y enseñando a otros cómo vivir de acuerdo con las leyes de Dios. *Bienaventurados aquellos que tienen hambre y sed de justicia, porque ellos serán saciados.*

La ley de nuestra mente nunca nos castiga. Somos nosotros quienes nos hacemos daño mediante el mal uso de la ley. La ignorancia es el único pecado y es responsable de todas las desgracias del mundo. Experimentamos, meramente, una reacción de la ley, que ponemos en movimiento con nuestros pensamientos y creencias. Cuando comprendamos esto no encontraremos ninguna razón para sentir resentimiento u odio por la persona más malvada sobre la faz de la Tierra. De hecho, no existe justificación alguna para albergar malos sentimientos por personas que nos traicionan, ya que nada se pierde a no ser que admitamos la pérdida en nuestra mente. Sólo tenemos que darnos cuenta de que todas las cosas existen en la Mente Infinita. Debemos identificarnos mental y emocionalmente con lo que deseamos, y nos veremos reabastecidos a partir del reservorio infinito de las riquezas de Dios. Las personas que roban o que nos traicionan de cualquier otra manera son meros mensajeros que nos dicen quién consideramos que somos. Atestiguan nuestro estado de consciencia. ¿Cómo podríamos mostrarnos airados u hostiles con los demás cuando son meros instrumentos de nuestra propia mente desempeñando su papel en la obra que escribimos consciente o subconscientemente en el libro de la vida?

Perdonar es fácil: todo lo que tiene que hacer es absolverse por tener pensamientos negativos y destructivos que le hacen daño, mientras que aquellos con los que se ha mostrado airado probablemente hayan estado pescando, bailando o pasándoselo muy bien. Para sanar cualquier situación, afirme que la Presencia Curativa Infinita está saturando cada átomo de su ser y que el Amor Divino fluye a través de usted, haciéndole ser pleno y perfecto y estar relajado. Sepa y sienta que la Inteligencia Viviente que le creó está al mando. Ahora se ha visto transformado porque ha experimentado una transfusión espiritual del Poder Curativo liberada gracias a su oración, y cada una de sus células baila al ritmo del Dios Eterno.

Las actitudes negativas son como intrusos en la casa de Dios, ya que el Ser Infinito es paz, salud y alegría. Las emociones como el miedo, la preocupación y la ira son intrusos que nos roban nuestra tranquilidad espiritual. Cuando privamos de alimento a estos estados descuidándolos, prestando nuestra atención a la Presencia de Dios que está dentro de nosotros, nuestra mente se ve limpiada. En ese momento estamos exaltando a Dios, y experimentamos belleza, amor, amabilidad e inspiración.

Es cierto que muchas personas son desagradecidas. Le hablarán de la decepción que han sufrido este año, pero no le describirán la docena de cosas maravillosas que les han sucedido debido a la oración o a un cambio en su actitud. En lugar de quejarse, deberíamos dar gracias y bendecir el nombre del Señor. Un corazón agradecido siempre está cerca de Dios, porque al dar las gracias nos vemos elevados y entramos en un estado de receptividad. Estamos en sintonía con el Poder Creativo del universo.

Harvey W. asistía a unas clases sobre el estudio de la Biblia que dirigía yo mismo. Dijo que quería llevar a cabo unos cambios significativos en su vida y empezar a desarrollar una cualidad de la que, lamentablemente, carecía: el agradecimiento. Harvey dijo que rara vez elogiaba a alguien y que no mostraba agradecimiento por sus bendiciones. Quedó sorprendido cuando empezó a tener en cuenta todas las cosas maravillosas que le habían sucedido y la buena suerte de la que disfrutaba.

Tranquilizó los engranajes de su mente y empezó a imaginar que estaba hablando con el Rey de reyes en su interior. A los ojos de su mente, sintió la Presencia Divina (su verdadera esencia) y empezó a decir una y otra vez: «Gracias, Padre, por mi curación milagrosa». Siguió repitiendo esto suave, amable y cariñosamente. Se iba a dormir cada noche con una sensación de agradecimiento, y experimentó una fantástica curación.

Solemos dar las gracias al vendedor cuando pedimos algo. Sabemos que el objeto nos será enviado y confiamos implícitamente en la organización. A una escala mucho mayor, también deberíamos dar gracias cuando llevemos a cabo un tratamiento espiritual, sabiendo que el don ya ha sido concedido. El corazón agradecido se regocija por una oración que ha recibido respuesta. Debemos aprender a ser buenos receptores, ya que Dios nos aporta, en abundancia, todo aquello que queremos disfrutar. Avance con gratitud, ya que sus deseos ya han sido satisfechos.

En realidad todos somos peregrinos o extraños aquí. Hemos abandonado el paraíso y no nos sentimos en casa. Nuestra peregrinación es el regreso hacia la Presencia Divina. Sólo hay una cosa que estemos buscando todos: a Dios en nuestro interior, el Ser que vive en el corazón de todos.

Piense en algo que le esté molestando en este momento. Puede que se trate de un deseo que no se haya visto satisfecho. Vuélvase hacia la Presencia de Dios en su interior y acalle su mente. Centre la atención en el hecho de que el Espíritu de su interior es Dios: la Causa y la Fuente de todo lo bueno. Entonces diga en silencio *Gracias* una y otra vez hasta que esté lleno del sentimiento de gratitud. Permita que su oración sea: «Dios, dame una cosa más: un corazón agradecido». Siga haciendo esto hasta que su consciencia se vea elevada, y entonces sus deseos se volverán realidad.

Existen muchos ejemplos de milagros en la época actual. Por ejemplo, tenemos el caso autentificado de Madam Beret. Era ciega porque sus nervios ópticos se habían atrofiado. Visitó el famoso santuario de Lourdes y experimentó lo que ella llamó una *curación milagrosa*. La periodista Ruth Cranston describió lo que sucedió en un artículo escrito para la revista *McCall's*:

> *En Lourdes recuperó la vista, aunque el nervio óptico seguía sin vida y estaba inutilizado, tal y como po-*

drían testificar varios médicos tras exámenes repetidos.
Un mes más tarde, tras volver a examinarla, se vio que
su sentido de la vista se había recuperado por completo
y que había vuelto a la normalidad; pero al principio,
por lo que respectaba a los médicos, veía con unos ojos
no funcionales.

Madam Beret no se vio sanada por las famosas aguas de este santo lugar, sino por su esperanza y su fe. Sin duda, fue a Lourdes sabiendo, en lo más profundo de su corazón, que recibiría una curación. La Inteligencia Infinita de su interior respondió a la naturaleza de su creencia y su capacidad visual se vio restablecida. La Presencia Curativa que creó sus ojos podía, ciertamente, devolver la vida a sus nervios muertos.

Algunas personas me han dicho que han experimentado curaciones en los servicios religiosos que llevo a cabo los domingos por la mañana. Sin embargo, dicen que eran escépticos y que ni siquiera estaban esperando una curación cuando acudieron para oírme hablar. Parecían carecer de fe, así que ¿cómo pudieron recibir una curación? La respuesta es bastante sencilla: buscaban una, y su mente estaba abierta a recibir las oraciones de la multitud presente en el servicio religioso. Puede que estuvieran acudiendo a un médico, un osteópata, un quiropráctico o un psiquiatra para recibir tratamiento, lo que resulta muy indicativo de que deseaban ser sanados, y el deseo es oración.

Cuando un grupo de gente se reúne para rezar (ya sea en una capilla, una iglesia o donde sea) y afirma que todos los que asisten son sanados y convertidos en seres plenos y perfectos, asientan un firme vínculo psicológico y espiritual entre todos los presentes. Entonces, incluso aunque algunas personas de las que asisten al servicio religioso sean escépticas o no creyentes, sigue siendo posible que sean curadas por la sencilla razón de que desean una sanación. Su subconsciente está receptivo a la atmósfera mental y espiritual de la reunión, y a ello le sigue una curación.

Puede usted preguntarse: ¿qué sucede si alguien está lleno de odio, mala voluntad y resentimiento? ¿Experimentará esa persona una curación? Bien, si una cañería está llena de desperdicios, el agua no fluirá libremente. Además, el agua que pase por ella estará fangosa y contaminada.

Es necesario eliminar el doblez de la manguera al regar un jardín. Su cuerpo es el jardín, y cuando reza, le está infundiendo el Poder Curativo de Dios, eliminando así todos los dobleces o bloqueos. Las aguas curativas son amor, paz, fe, alegría, buena voluntad, confianza y poder. La gente que está llena de odio bloquea este flujo de compasión y felicidad. Deben decidir desprenderse de sus rencores y de las cosas que les molestan y dejar que entre el sol del amor y la curación de Dios. En pocas palabras, el rehusar resolver los conflictos mentales retrasa, claramente, la curación.

Millones de personas están psicológica y espiritualmente ciegas porque no saben que se convierten en aquello en lo que piensan durante todo el día. Dicen que no hay forma de resolver sus problemas y que su situación no tiene solución. No comprenden el funcionamiento de su mente subconsciente y que cualquier cosa que quede grabada en ella (ya sea buena o mala) se expresará en la pantalla del espacio.

También estamos espiritualmente ciegos cuando odiamos o mostramos resentimiento o envidia de los demás.

No nos damos cuenta de que, de hecho, estamos secretando venenos mentales que tienden a destruirnos. Empezamos a ver con claridad cuando obtenemos una nueva percepción mental, sabiendo que hay una Inteligencia Infinita en nuestro interior que es sensible a nuestros pensamientos y que puede resolver todos los problemas.

Se debería instruir a los hombres, las mujeres y los niños de todo el país acerca del Poder Creativo y de cómo usarlo. Todos deberían ser educados con respecto a la interrelación de la mente subconsciente y la consciente, y aprender que la vida está receptiva a sus pensamientos. Entonces quedarán ungidos de la sabiduría de Dios y harán la obra del Divino.

La vejez no consiste en el paso de los años, sino que es el ocaso de la sabiduría. Sus canas deberían ser indicativas de sabiduría y madurez emocional. De hecho, el Espíritu que hay en usted nunca envejece: era el mismo ayer, es el mismo hoy y será el mismo por siempre.

Ellen, que padecía un glaucoma incipiente, vino a verme hace poco. Yo había leído un artículo, hacía ya algún tiempo, sobre los oftalmólogos de uno de los hospitales más importantes que habían descubierto que, en el 20-25% de los casos de glaucoma, los pacientes llevaban una carga de resentimiento u odio. De hecho, Ellen tenía una nuera a la que odiaba intensamente. Le aconsejé que rezara por su nuera usando estas palabras: «Libero a mi nuera a Dios. Le deseo toda la felicidad, la paz y la alegría de Dios». Repitió esta plegaria frecuentemente hasta que todas las raíces de la irritación se marchitaron en su mente. Al cabo de algunas semanas, incluso empezó a sentir afecto por su nuera. Así es como el verdadero amor derrite todo aquello que no tiene que ver con él.

Ellen y yo también rezamos juntos con frecuencia. Ella estaba abierta a la verdad y utilizaba la siguiente afirmación:

Mis ojos son los ojos de Dios, y veo perfectamente. La Inteligencia Viviente que creó mis ojos está controlando ahora los procesos y las funciones de mis ojos y de todo mi cuerpo. Sé y creo que mi visión es espiritual, eterna e indestructible. Sólo veo la verdad y a Dios en todas las personas y las cosas. Mis ojos reflejan la gloria, la belleza y la perfección del Infinito. Dios mira a través de mis ojos, viendo Sus propias ideas sobre la perfección. Mis ojos son las ventanas de mi alma. Están concentrados en el amor, la verdad y la belleza en todo momento. El poder vitalizante del Espíritu Santo impregna cada átomo, célula, tejido y músculo de mis ojos, haciéndoles plenos, puros y perfectos. El patrón Divino perfecto se pone ahora de manifiesto en mis ojos. Gracias, Padre.

Permitió que estas verdades penetraran en su mente más profunda y, gradualmente, se dio una curación completa. Siguió las indicaciones de su médico y al cabo de algunos meses ya no necesitó ningún medicamento.

Cuando medita o lleva a cabo una oración afirmativa, absorbe estas verdades, y se convierten en una parte viva de usted. Al igual que el alimento que consume, sus creencias se convierten en tejido, músculo, hueso y sangre. Dese cuenta de que Dios le está curando ahora y de que Su paz llena su alma. *Tal y como piense un hombre en su corazón, así es él.*

En pocas palabras

El Poder Curativo está presente en todos los hombres y todas las mujeres. Puede utilizarlo para llevar a cabo lo que recibe el nombre de *milagros* en su propia vida. Un milagro es una confirmación de lo que es posible. Con Dios, todo es posible.

El primer paso para la curación consiste en desprenderse del miedo a lo que está experimentando en este preciso momento. El segundo paso consiste en darse cuenta de que sus condiciones actuales son, simplemente, el producto del pensamiento pasado, que ya no tendrá más poder para proseguir con su existencia. El tercer paso consiste en exaltar a Dios, que quiere curarle. A medida que eleve su consciencia de esta manera, pondrá de manifiesto sus deseos.

Todo es logrado a través de la fe en las leyes creativas de su propia mente y de la respuesta de la Inteligencia Suprema.

En el momento en el que decida cambiar su vida con sinceridad entronizando a un nuevo concepto de sí mismo en su mente, la ley responderá al nuevo anteproyecto que ha creado usted. Ésta es la transformación interior que tiene lugar.

Mientras se centra en la armonía, la salud y la paz, se da una reorganización de sus patrones de pensamiento, lo que se ve seguido, automáticamente, por cambios moleculares en su estructura corporal que se corresponden con su nuevo estado mental. Experimenta usted una transfusión espiritual, y cada átomo de su ser baila al ritmo del Dios Eterno.

Céntrese en el hecho de que el Espíritu que hay en su interior es Dios: la Causa y la Fuente de todo el bien. Entonces repita en silencio, *Gracias* una y otra vez hasta que su mente rebose con el sentimiento de gratitud.

Capítulo 8

Vivir sin presión

El Dr. Hans Selye investigó los efectos destructivos del estrés sobre el sistema inmunológico del organismo. Observó que si el estrés no es temporal sino que persiste semana tras semana, las glándulas adrenales intentan adaptarse a la situación incrementando su producción de hormonas, pudiendo, a la larga, acabar agotadas. Esto puede causar estragos en varios procesos corporales y reduce la resistencia del organismo. El individuo puede entonces desarrollar artritis, diabetes u otras enfermedades. En última instancia, lo más probable es que esta persona sucumba por una enfermedad cardiaca o el cáncer, que son los mayores asesinos actuales.

La investigación del Dr. Selye también mostró que el sistema inmunológico sólo puede combatir con eficiencia una cosa de cada vez. Si alguien se fractura un hueso, el organismo actúa con rapidez para repararlo. No obstante, si en medio de este proceso entra en escena otro factor estresante, como por ejemplo el miedo, la curación se ve seriamente dificultada y la enfermedad puede volverse crónica.

Experimenta usted los mismos síntomas corporales cuando se enfrenta a amenazas reales y a desastres imaginarios. Si se imagina perdiendo su trabajo y siendo incapaz de pagar su hipoteca, generará miedos que harán que su sistema endocrino se ponga en acción, liberando hormonas que interferirán con la química de su organismo. De hecho, no ha desarrollado usted una enfermedad ni ha sufrido un accidente, y no hay nada que estas hormonas tengan que reparar, por lo que provocan problemas. Ésta es la razón por la cual el Dr. Selye dice que los miedos imaginarios pueden someter al cuerpo a tensión y provocar enfermedades.

Un joven médico interno se preocupaba constantemente por su futuro y era un manojo de nervios. No obstante, aprendió a imaginarse consiguiendo un puesto en un gran hospital y teniendo una suntuosa oficina en el centro de la ciudad. En su mente vio a sus amigos felicitándole por su exitosa consulta. Reprodujo esta película mental repetidamente. Siempre que empezaba a sentirse preocupado o ansioso, proyectaba a propósito las imágenes de sus deseos en la pantalla de su mente.

A medida que pasaban las semanas, el Poder Superior se movió en su favor, honrando sus sueños y haciendo que se volvieran realidad. El cirujano jefe le ofreció ser su ayudante, y con el tiempo, este joven se ganó una excelente reputación por ser un médico de primera y se hizo rico. Ésta es la forma en la que puede superar el hábito de la preocupación y crear lo que quiera en su vida.

No tiene usted por qué sufrir ansiedad crónica. No pase tiempo pensando en sus problemas. Abandone todo pensamiento negativo, ya que su mente no puede funcionar de manera armoniosa cuando está tensa. En lugar de ello, cuando se enfrente a un reto haga algo relajante y agradable para reducir la tensión: salga a conducir, dé un paseo, juegue al solitario o lea uno de sus capítulos favoritos de la Biblia o un libro que le inspire para así desarrollar confianza en sí mismo y paz interior. No padecerá estrés si hace estas cosas. Una calma interior le rodeará y se sentirá usted en paz.

Aquí le aporto una cosa que puede hacer cada mañana al despertar: vuélvase hacia la Presencia de Dios en su interior en forma de oraciones. Sepa que la Inteligencia Infinita le vigila mientras está usted profundamente dormido. Relaje su cuerpo y luego mantenga un diálogo con su yo sublime. Conviértase en un niño pequeño, lo que significa que confía usted en la Presencia Divina por completo, sabiendo que le está curando ahora.

El siguiente paso consiste en afirmar con cariño:

Gracias, Padre, por este maravilloso día. Es el día de Dios y está lleno de alegría, paz, felicidad y éxito. Lo espero con una expectativa alegre. La sabiduría y la inspiración del Todopoderoso me orientarán durante todo el día. La Inteligencia Infinita es mi socia principal, y todo lo que haga tendrá un resultado maravilloso. Creo que la Sabiduría Infinita me está orientando y que el amor llena mi alma.

El tercer paso consiste en afirmar valientemente:

Estoy lleno de confianza en la bondad de Dios en la tierra de los vivos. Sé que la Inteligencia Infinita me vigila durante todo el día allá donde vaya. Me dejo ir y estoy tranquilo. Sé que Dios está en acción en todas las fases de mi vida, y la ley y el orden Divinos imperan.

Haga que este proceso de oración se convierta en un hábito cada mañana antes de ir a trabajar. Cuando acudan a su mente pensamientos de ansiedad, sustitúyalos por cualquiera de estos pensamientos espirituales y se condicionará a sí mismo a experimentar paz y tranquilidad.

Millones de personas de todo el mundo están enfermas debido a las preocupaciones y la ansiedad. Carecen de fe en el Infinito, siempre esperan que las cosas salgan mal y se inquietan por muchas cosas que nunca llegan a suceder. Le explicarán todas las razones por las cuales algo malo debería pasar, y ni siquiera una razón por la cual debería suceder algo bueno. Este estado de tensión constante debilita todo su organismo, lo que da como resultado trastornos físicos y mentales. Para ilustrarlo, les explicare que una vez un hombre me dijo: «Estoy tremendamente preocupado por mi farmacia. Puede que la pierda. Los negocios van bien, pero esto no puede durar. Quizás vaya a la bancarrota, y siento ansiedad por todo. Mi mente es un desastre y no puedo dormir debido a mi estrés. También estoy alterando a mi mujer. ¿Cómo puedo dejar de preocuparme?».

De hecho, este hombre estaba dirigiendo su negocio bien. Tenía una abultada cuenta en el banco y, según todos los estándares, estaba prosperando. No obstante, su imaginación negativa constante le estaba restando entusiasmo y energía. Además, se estaba debilitando a sí mismo y haciéndose menos capaz de resolver cualquier reto que se le presentara.

Le expliqué a este farmacéutico que si seguía preocupándose, atraería aquellas condiciones en las que estaba morando mentalmente. Lo único realmente malo que le sucedía era esa falsa creencia en su mente. Había olvidado que podía controlar, personalmente, sus pensamientos y su vida. Le proporcioné la siguiente receta espiritual para que la usara regular y sistemáticamente varias veces al día:

Mi negocio es el negocio de Dios. Dios es mi socio en todos mis asuntos. La Inteligencia Suprema de mi interior está haciendo que mi negocio prospere de forma maravillosa. Afirma que todos aquellos que trabajan conmigo en mi farmacia son vínculos espirituales para su crecimiento, bienestar y prosperidad. Sé esto y me regocijo por su éxito y felicidad. Resuelvo todos mis problemas confiando en que la Sabiduría Infinita del interior de mi subconsciente me revele la respuesta. Reposo en la seguridad y la paz. Estoy rodeado por el amor. Sé que todas mis relaciones de negocios son armoniosas. La Inteligencia Infinita me muestra formas mejores en las que puedo servir a la humanidad. Sé que la Inteligencia Infinita habita en el interior de todos mis clientes. Trabajo de forma constructiva con los demás, y todos disfrutamos de felicidad, prosperidad y paz. Cuando acude a mi mente cualquier preocupación o miedo, afirmo de inmediato: «No temo ningún mal, ya que Tú estás conmigo».

Empezó a reservarse unos quince minutos por la mañana, a mediodía y por la tarde con el fin de reiterar estas verdades, sabiendo que repitiéndolas con frecuencia, sus patrones de pensamiento serían reprogramados para el éxito. Cuando acudieran pensamientos mórbidos a su mente, afirmaría de inmediato: «El amor Divino llena mi alma».

Me explicó que en un día seguramente debía haber dicho «El amor Divino llena mi alma» unas mil veces. Gradualmente, el patrón de pensamiento neurótico de preocupaciones y ansiedad crónicas que le había atenazado se disipó por completo y se regocijó en su libertad.

Algunos tipos de estrés pueden, de hecho, ser beneficiosos. El Dr. Selye llamó a este estrés bueno *euestrés*. Por ejemplo, antes de que un actor interprete su papel está, naturalmente, tenso y acumula una cierta cantidad de energía. Eso es constructivo. Es como un reloj: si le da demasiada cuerda, el muelle se romperá, pero si le da la cantidad de cuerda adecuada, hará tictac rítmicamente y le dará la hora exacta.

Puede que esté un poco tenso antes de hablar en público: a mí me pasa, y no hay nada de malo en ello. En cuanto empieza a hablar, se convierte en el reloj, que hace tictac armoniosamente. Se fija en el público y dice: «Irradio amor, paz y buena voluntad hacia todos ellos, y el amor de Dios les envuelve. La Inteligencia Infinita piensa, habla y actúa a través de mí. Mis palabras curan, bendicen e inspiran. Elevan y dignifican el alma».

Esta afirmación elimina todo el estrés, la tensión y la ansiedad, ya que está usted llenando su mente de verdades Divinas, y éstas expulsan todo aquello que no tiene que ver con Dios. Además, el público se ve bendecido.

Para gozar de tranquilidad de espíritu, deberá ser creativo, arremangarse y expresarse plenamente. Puede que le salgan algunas ampollas, pero está siendo usted constructivo y liberando su esplendor. Está usted aquí para implicarse, ayudar a otras personas y liberar sus talentos ocultos al mundo. Dios le dio todos Sus atributos, cualidades y poderes para que los utilizara, ya sea usted un cantante, bailarín, médico o vendedor. Servir le proporciona paz interior y satisfacción. Por otro lado, reposar y sentarse en una mecedora continuamente sin hacer nada provoca frustración y neurosis... es existir sin vivir.

Es usted un ser espiritual que vive en un universo material. No está usted viviendo en su cuerpo, sino que el cuerpo está viviendo en usted en forma de idea. Consiste, simplemente, en ondas de luz y no es sólido en absoluto. Además, su espíritu y su mente son la causa, mientras que su mundo es un efecto. Su yo físico, su entorno, su cartera, su estatus social y sus relaciones con los demás son un reflejo de su forma habitual de pensar y de su imaginación. En otras palabras: es usted la fe expresada.

Oigo a la gente decir: «Todo es una febril competitividad en el mundo. La presión es terrible y no sé si podré soportarla. Mis nervios están de punta, no puedo dormir por la noche y tengo que tomar tranquilizantes». Otros dicen: «Tengo que tomarme cuatro tragos de whisky para poder dormir por la noche», o «llego a casa tan tenso y exhausto que tengo que tomarme algunas cervezas». Usted ha oído cosas así.

Si quiere superar el estrés y la tensión, acuda con frecuencia al mundo del Espíritu de su interior y pida belleza e inspiración. Afirme que el Poder Todopoderoso se está desplazando a través de usted y se verá refrescado, revitalizado y fortalecido. *Invócame y te responderé. Estaré contigo en los malos momentos. Te exaltaré porque has conocido Mi nombre.* La naturaleza de la Inteligencia Infinita es la de responderle. Vuélvase hacia Ella y reclame estas cosas, y sentirá el rocío de la mañana desplazándose por las zonas áridas de su mente y refrescándole. Recibirá el maná o alimento espiritual que le vigorizará y le iluminará.

Si está alterado o preocupado, vuélvase hacia el Ser Eterno de su interior. Céntrese en la armonía absoluta, el amor ilimitado y la completa sabiduría del Ser Divino que hace que el sol brille y que hace que la Tierra gire sobre su eje. Piense en estas grandes verdades y dese cuenta de que la ley y el orden Divinos funcionan en su vida.

De esta forma será capaz de lidiar con todos los problemas con valentía. Dirá: «Cada dificultad es superada por Dios. El problema está aquí, pero la Inteligencia Infinita también está aquí. Por tanto puedo superarla. Nací para ganar, y el Infinito no puede fracasar». Entonces se enfrentará a su problema con fe y confianza, en lugar de con estrés y tensión.

Empiece a meditar sobre las grandes leyes inmutables de la vida, y se verá desplazado desde la tensión y la frustración hasta la paz interior y la serenidad. *Gran paz tienen aquellos que aman Tu ley, y nada les ofenderá.* La ley es: se convierte usted en aquello en lo que piensa. Por tanto, céntrese en las verdades maravillosas y se convertirán en algo potente en su vida.

Todo lo que hay en el universo deja este mundo. No puede estar usted frustrado o enfermo por siempre, y no siempre puede sentirse como un pez fuera del agua. Si hace calor, ya refrescará; si llueve, ya amainará. Recuerde que nada dura para siempre: eso le aportará una sensación de tranquilidad. No puede sentirse solo por siempre. Afirme que el Espíritu Infinito está atrayendo hacia usted a un compañero con quien armonizará en todos los sentidos, y esto sucederá.

Existe una historia sobre un rey persa que pidió a sus asesores un consejo que le aportara siempre tranquilidad de espíritu. ¿Qué es lo que le dieron?: un anillo que llevaba inscritas las palabras «Esto también pasará». Todo acaba pasando. Si hay una guerra, acabará por haber paz. Piense en estas majestuosas verdades de la Biblia:

Si Dios está conmigo, ¿quién podría estar contra mí? Todas las cosas están dispuestas si la mente lo está. Según crea, así se hará en mí. Tú estás siempre conmigo, y todo lo que poseo es tuyo. Antes de que llames Te responderé; mientras todavía estés hablando Yo te escucharé.

¿Va a quejarse diciendo: «Esto es demasiado duro para mí»? La Biblia dice: «No tengas miedo ni estés consternado... ya que la batalla no es tuya, sino de Dios». Todo problema tiene una solución. Por tanto, penetre en la Inteligencia Infinita y la respuesta acudirá a usted. Si está ansioso con respecto a sus ingresos, su familia o por problemas de negocios, acuda al Espíritu que contiene todo el poder y la sabiduría. Estas verdades le elevan por encima de las cosas insignificantes de la vida y le liberan.

Allá donde no hay juicio no hay dolor. No tiene por qué tener opiniones sobre los titulares matutinos o acerca del hecho de que fulanito se haya pegado un tiro: usted no le dijo que lo hiciera. Si se pone nervioso por ello podría sufrir estrés y tensión y desarrollar úlceras o una presión sanguínea elevada. En lugar de eso podría usted decir. «Bien, está con Dios, que le ama y se preocupa por él». Puede hacer eso incluso aunque se haya suicidado.

¿Cómo podría alterarle algo? ¡Se está usted alterando a sí mismo! No es su trabajo el que le está preocupando (no es así en absoluto), sino que el problema es su reacción ante su trabajo. Si siente resentimiento por su compañía o por su jefe y reacciona con hostilidad y ansiedad, entonces por supuesto que el estrés entrará en su vida.

Simplemente haga su trabajo lo mejor que sepa, con amor y buena voluntad. Si tiene unos pensamientos y unos sueños majestuosos, los manifestará en todos los aspectos de su negocio, sus relaciones y su salud.

Todos estamos aquí para poner nuestro granito de arena y servir. Usted sabe, en lo más profundo de su corazón, que está aquí para dar. Por tanto, si está viviendo en una torre de marfil, sin pensar en nada más que en leer libros sobre metafísica y sin expresarse a sí mismo, su vida estará desequilibrada. Por otro lado, si se implica demasiado en el mundo exterior y dice: «Mira, todo lo que quiero es ganar mucho dinero y avanzar en la vida», también irá torcido. Se convertirá en un gran materialista y acudirá corriendo al psiquiatra para que le recete tranquilizantes o se dará a la bebida, pero esto no le ayudará. Cuando el efecto de los fármacos o del alcohol se disipe, se encontrará con que la enfermedad está en su propia mente.

Está usted aquí para llevar una vida equilibrada y vivir en los mundos subjetivo y objetivo. Debe arremangarse, ya esté cavando la tierra u operando a un paciente. Trabaje con alegría y amor y acuda al Padre de su interior regular y sistemáticamente para obtener un refrigerio, inspiración y orientación. Entonces ya no estará desequilibrado.

Si está sometido a demasiado estrés, dese un descanso. Algunas personas salen a jugar una partida de golf durante unas horas o hacen un pequeño viaje de uno o dos días de duración. Cuando vuelven, han reposado y tienen la mente tranquila. Dígase también a sí mismo: «Puedo hacer todas las cosas a través del Poder de Dios que me fortalece. Nací para triunfar». Piense en sí mismo como en un hijo del Infinito, y esto le otorgará poderes. Dese cuenta de que el Infinito no puede fallar y de que disponemos de unas reservas Divinas tremendas.

No, no es usted incapaz ni débil. Desarrolle un nuevo sentido de la estima para sí mismo y diga: «Yo y mi Padre somos uno. El mismo Espíritu que gobierna los planetas y las estrellas está en mí. Ser uno con el Infinito es ser mayoría. Si Dios está conmigo, ¿quién demonios podría estar contra mí?».

El gran poeta estadounidense Walt Whitman escribió: «Soy grande y contengo multitudes», lo que significa que todos los poderes de Dios estaban en su interior. La mayoría de nosotros no somos conscientes de los tremendos poderes que poseemos. Ha habido muchos reportajes en las noticias sobre personas que han descubierto reservas sin explotar en momentos de una emergencia. Por ejemplo, una mujer que pesaba 41 kilos fue capaz de levantar el camión bajo el que su marido había quedado atrapado. Algo más tarde, cinco hombres no lograron levantarlo. ¿De dónde surgió el poder?: siempre estuvo ahí. Como ella tenía un intenso anhelo por salvar a su esposo, pudo hacerlo. Recurrió al poder del Infinito y ni siquiera se lastimó.

En otro caso, un peatón vio a un hombre atrapado en el interior de un coche incendiado. Salió corriendo, abrió la puerta y sacó al hombre de entre las llamas, saliendo ileso.

Todos estaban sorprendidos. ¿De dónde salió esa fuerza? Siempre estuvo en su interior, y recurrió a ella en el caso de una emergencia. A veces, un cirujano piensa que una operación va a ser corta, pero ésta se prolonga durante muchas horas. Tiene que recurrir a sus reservas de energía, habilidad y conocimientos. La luz de la Inteligencia Infinita también le apoya y sale del apuro.

Usted también está equipado para hacer frente a todo. Nunca se le puede presentar un problema que no pueda solucionar, ya que la Inteligencia Infinita está en su interior. Cuando le nombran presidente o gerente general de su empresa, el Principio de la Vida que hay en usted sabe que puede usted desempeñar el trabajo: de otro modo no le hubieran ascendido a ese puesto. El Poder Divino que mueve el mundo está en su interior y conoce la respuesta.

Una mujer me escribió una carta que decía: «Mi marido se pasa todo el día sentado sin hacer nada y no hace nada más que beber cerveza. No trabaja y no para de quejarse todo el tiempo. Me preocupa terriblemente y mi médico me dice que padezco un trastorno de ansiedad y que sufro estrés. Además de eso tengo asma, problemas de piel y la presión sanguínea alta. Mi marido me está matando».

De hecho, su esposo no tenía nada que ver con sus preocupaciones relativas a su salud. Eran sus reacciones relativas a él lo que le provocaban los problemas. Le escribí y le dije que en la actualidad, era bien conocido por el campo de la medicina que muchos trastornos cutáneos, el asma, las alergias, las afecciones cardiacas y la diabetes (además de muchas otras enfermedades) son provocadas por las preocupaciones crónicas.

También le proporcioné una receta espiritual, sugiriéndole que bendijera a su marido varias veces al día usando la siguiente afirmación:

Mi marido es un hombre de Dios. Es Divinamente activo, próspero, pacífico y feliz. Se expresa plenamente y está en el lugar que le corresponde. Recibe unos ingresos maravillosos. La sobriedad y la tranquilidad espiritual imperan en su vida. Ahora le imagino llegando a casa cada noche y contándome lo feliz que es en su nuevo trabajo. Le dejo todo al Infinito para que lo satisfaga.

Le adjunté una segunda oración, que debía repetir con gran emoción seis o siete veces al día hasta que su subconsciente la absorbiera. También le aconsejé que se imaginara a su médico diciéndole que era una persona plena y perfecta. Ésta es la segunda oración:

Los dones de Dios son míos ahora. Utilizo cada momento de este día para glorificar al Infinito. La armonía, la paz y la abundancia infinitas son mías. El amor Divino que fluye desde mi interior bendice a todos los que acuden a mí y me está curando ahora. No temo ningún mal, ya que el Infinito está en mi interior. El círculo sagrado del amor y el poder de Dios siempre me rodea. Afirmo, siento, sé y creo, con certeza y sin duda alguna, que el amor Divino y la vigilancia eterna me orientan, me curan y se preocupan por los miembros de mi familia. Perdono a todo el mundo e irradio, sinceramente, amor, paz y buena voluntad a toda la gente en todos los lugares.

En el centro de mi ser está la paz del Infinito. En esta quietud siento la fuerza, la orientación y el amor de la

Presencia Divina. Me veo orientado en todos mis cami-
nos. Soy un canal libre para la luz, el amor, la verdad y
la belleza del Ser Eterno. Siento el río de la paz fluyendo
a través de mí ahora. Sé que todos mis problemas se
ven disueltos en la mente de Dios. Sus caminos son mis
caminos y son agradables y serenos. Me regocijo y doy
gracias, dándome cuenta de que mis oraciones reciben
respuesta.

Un tiempo después me escribió diciéndome que sus oraciones habían obrado maravillas: «He estado recitando las plegarias tal y como me sugirió, y he mantenido una imagen de mi marido en mi mente. Ha encontrado un trabajo y ahora está sobrio. Mi médico comprobó mi presión sanguínea y era normal. Todas las manchas de mi piel han desaparecido y ya no tengo que tomar ninguna medicación contra el asma».

Los pensamientos y las imágenes mentales negativos acumulados por esta mujer eran la causa de sus enfermedades crónicas. Mientras se identificaba, mental y emocionalmente, con las grandes verdades que le habían sido proporcionadas, éstas empezaron a profundizar en su subconsciente. También se dibujaron en su mente imágenes de salud y vitalidad para ella y para su marido. Estas imágenes mentales estaban grabadas en su mente más profunda, que hizo que todas ellas se convirtieran en realidad.

Una vez, un ejecutivo acudió a mí y me dijo que estaba terriblemente preocupado porque no le nombraran presidente de su empresa en la siguiente reunión programada de la junta directiva, incluso aunque ya le habían prometido el puesto. Su preocupación constante estaba a punto de provocarle un ataque de nervios. Al hablar con él concluí que había tenido ansiedad durante la mayor parte de su vida. No obstante, no estaba de acuerdo conmigo, y pensaba que sólo estaba preocupado por la posibilidad de obtener un ascenso o no. Le aconsejé que se imaginara siendo presidente y que fantaseara con que sus socios le estaban felicitando por su ascenso.

Siguió estas instrucciones al pie de la letra y, como era de esperar, le nombraron presidente en la siguiente reunión de la junta directiva. No obstante, alrededor de un mes más tarde, volvió a verme porque seguía sintiéndose ansioso. Su médico le había dicho que su presión sanguínea era peligrosamente alta debido a su estrés. Me fijé en que aunque antes había atribuido su ansiedad a su preocupación concreta por no ser nombrado presidente de la empresa, no había dejado de preocuparse a pesar de que había conseguido su objetivo. Ahora se estaba preocupando porque quizás no estuviera a la altura de las expectativas de la junta directiva, porque sus decisiones pudiesen hacer perder dinero a la compañía y porque quizás le pidieran que dimitiera.

Empezó a mirar en su interior. De repente se dio cuenta de que todos sus problemas eran provocados por el hecho de que no tenía el hábito de rezar y porque no poseía un contacto real con el Poder Infinito desde el que pudiera obtener fortaleza y seguridad. Pensaba que estaba maldecido por las preocupaciones, pero ahora se había despertado a la verdad de que él solo era el creador de su estrés y de su presión sanguínea elevada. Como resultado de ello decidió asentar la práctica de la oración para así superar su obsesión. Le aconsejé que utilizara la siguiente afirmación cada mañana:

Sé que la respuesta a mi problema yace en la Inteligencia Infinita de mi interior. Ahora tranquilizo mi mente. Me quedo tranquilo y relajado. Sé que el Infinito habla en paz y no en confusión. Sé y creo, implícitamente, que Dios me está revelando la respuesta perfecta. Ahora vivo en el estado en el que me encontraría si mis problemas se resolvieran. Vivo en la fe duradera y confío en que la solución me es proporcionada. Éste es el Espíritu del Infinito deslazándose por mi interior. Es Omnipotente. Todo mi ser se regocija en la solución. Estoy contento y doy gracias. Sé que el Infinito tiene la respuesta, ya que con la Inteligencia Infinita todo es posible. Sé que Dios es el Espíritu Viviente Todopoderoso y que es la Fuente de toda la sabiduría y la iluminación. El indicador de la Presencia Divina en mi interior es una sensación de paz y desenvoltura. Ahora me desprendo de todas las sensaciones de tensión y forcejeo. Confío completamente en el poder Divino. Sé que toda la sabiduría y el poder que necesito para llevar una vida gloriosa y exitosa están en mi interior. Relajo todo mi cuerpo. Mi fe está en Su sabiduría. Afirmo y siento el río de la paz fluyendo a través de mí. Paso mi petición a la Inteligencia Subjetiva, sabiendo que tiene la respuesta. Estoy en paz.

Repitió la oración anterior tres veces cada mañana, sabiendo que a través de la repetición estas verdades penetrarían en su subconsciente y que darían lugar a una curación. También se dio cuenta de que ahora estaba anclado al Poder Divino de su interior. Su sensación de unión con el Infinito le proporcionó confianza para superar cualquier cosa por la que se hubiera preocupado equivocadamente. Mediante este cambio en su actitud mental, se convirtió en un hombre equilibrado y se desprendió de sus preocupaciones.

Una mujer me visitó una vez y me dijo que siempre se estaba preocupando por su hijo. Temía que pillara el sarampión, que se cayera a una piscina o que le atropellara un camión. Me dijo: «No puedo dejar de preocuparme, y esto me está provocando mucho estrés».

Le dije que sería mucho mejor bendecir a su hijo que tirarle ladrillos mentales durante todo el día. Le recomendé que abriera su mente, que dejara entrar al Poder Superior y que se diera cuenta de que la Presencia y el Poder Infinitos amaban a su hijo y le vigilaban y le protegían.

Mientras practicaba la bendición de su hijo, expulsó toda su oscuridad y su sufrimiento. Desarrolló el hábito de rezar y ya no permitió que los pensamientos y las imágenes destructivas influyeran en su mente.

Puede curarse a sí mismo, al igual que hizo esta mujer, elevando sus pensamientos hacia Dios. Haga esto regularmente y se verá librado de las vejaciones y las preocupaciones.

Cuando se preocupa, utiliza usted su mente de forma negativa y destructiva. Está creando condiciones, experiencias y eventos que le molestan. No obstante, puede superar este patrón de pensamiento. Recuerde que el miedo es una sombra en su mente. Cuando da la bienvenida a la luz de la Inteligencia Infinita en su consciencia, las sombras se esfuman. Cuando está perplejo y confuso con respecto a qué decisión tomar, no se ponga tenso por ello. Recuerde que tiene una Guía Interior que le dirigirá y que le revelará el plan perfecto.

El secreto consiste en dedicarse mentalmente a la respuesta correcta hasta recibirla. La Inteligencia Infinita ubicada en profundidad en su mente subconsciente es receptiva a su solicitud. Reconocerá la respuesta como una sensación interior o como un pálpito intenso que le dirigirá al lugar correcto en el momento preciso, pondrá las palabras perfectas en su boca y provocará que haga exactamente lo necesario. Esto le liberará de la tensión y el estrés.

David L., un hombre de negocios, me describió cómo rezar para obtener orientación. Tiene una técnica bastante sencilla: va a su oficina privada, donde nadie le molestará, cierra los ojos y piensa en los atributos y las cualidades del Infinito, que sabe que están en su interior. Esto elimina todas las preocupaciones y la tensión y genera un estado de paz, poder y confianza. Pasa del mundo material al espiritual, donde todo es armonía y dicha. Luego habla con su Yo Sublime: «Padre, Tú sabes todas las cosas. Envíame la idea que necesito».

A continuación imagina que la respuesta que desea está fluyendo a través de su mente y afirma: «Acepto la respuesta. Las ideas creativas se despliegan en mi interior, aportándome armonía, salud y alegría».

Después de esta oración ocúpese de sus asuntos rutinarios, y la respuesta le será revelada inevitablemente cuando no esté pensando en ella. David dice que, frecuentemente, una idea aparece en forma de un destello y que le espanta.

Las respuestas también están dentro de usted. El Espíritu Divino le revela las soluciones, permitiéndole superar la frustración y la ansiedad.

La Biblia dice: «Escoged por vosotros mismos a quién serviréis este día». La clave para la salud, la felicidad, la paz y la abundancia yace en la capacidad de escoger. Cuando aprenda a pensar correctamente dejará de elegir el dolor, el sufrimiento, las carencias, la presión sanguínea elevada y las limitaciones. Por el contrario, escogerá a partir de la mina del Infinito en su interior. Afirmará con decisión: «Escojo la felicidad, la paz, la prosperidad, la sabiduría y la seguridad hoy y cada día de mi vida».

En el momento en el que llegue a esta conclusión definitiva en su mente consciente, su subconsciente, lleno del Poder y de la Sabiduría del Infinito, acudirá en su ayuda. Se verá orientado, y el camino del logro le será revelado. Afirme, sin la más mínima duda o miedo: «Sólo hay Un Poder de la Creación. Es el poder de mi yo más profundo. Hay una solución para cada problema. Sé, decreto y creo esto».

Mientras afirma valientemente estas verdades, recibirá la orientación pertinente para todas sus tareas, y se desplegarán maravillas en su vida.

Un ingeniero llamado Phil me explicó: «He trabajado para el mismo jefe durante más de quince años y no me han concedido un ascenso. Mis talentos se están echando a perder y estoy frustrado y soy infeliz. Odio a mi jefe y tengo la presión sanguínea alta y ulceras».

Phil sentía que nunca progresaría en su trabajo debido a su edad y a su falta de habilidades interpersonales. Juntos, ahondamos en su pasado. Fue criado por un padre tirano y puritano con unas tradiciones típicas de Nueva Inglaterra. Sentía resentimiento por su padre y no había estado en contacto con él desde hacía muchos años. Además, se sentía culpable por odiar tanto a su padre. Me dijo: «Supongo que Dios me la tiene guardada».

Lentamente, pero con seguridad, empezó a ver que se estaba rebelando contra su jefe de la misma manera en que se había rebelado contra su padre. Fue cayendo en la cuenta de que, de hecho, estaba echándole la culpa de sus propios defectos, errores y fechorías a su supervisor. En otras palabras, su jefe era como una imagen de su padre.

Phil superó su sentimiento de frustración dándose cuenta, en primer lugar, de que, de hecho, estaba bloqueando su propio ascenso con sus miedos y su resentimiento. También se dio cuenta de que sus úlceras y su presión sanguínea elevada se debían a su antagonismo y a su estrés. Decidió empezar a rezar por la mañana y por la tarde de la siguiente forma:

Deseo a toda la gente de mi trabajo una buena salud, felicidad, paz y ascensos. Mi empleador me felicita por mi trabajo. Dibujo esta imagen en mi mente regularmente y sé que sucederá. Soy cariñoso, amable y colaborador. Practico la regla de oro y trato, sinceramente, a todo el mundo de la misma manera en la que me gustaría que me trataran. La Inteligencia Divina me gobierna y me orienta durante todo el día, y prospero en todos mis caminos.

Mientras saturaba su mente regular y sistemáticamente con estos pensamientos, triunfó a la hora de adoptar una nueva actitud mental, lo que hizo que todos los aspectos de su vida mejoraran. Gradualmente, su úlcera desapareció y ya no tuvo que vivir a base de leche, tostadas y alimentos de ese tipo. Su presión sanguínea se redujo una vez que aceptó que se había elevado únicamente porque percibía que no era capaz y porque sentía resentimiento por la gente que tenía a su alrededor.

Dígase a sí mismo: «Siempre estoy listo, sereno y tranquilo. La paz del Infinito inunda mi mente y todo mi ser». Practique la regla de oro y desee, sinceramente, paz y buena voluntad a todas las personas. No sufrirá estrés si hace eso. Sepa que el amor de todas las cosas buenas penetra en su mente y expulsa todo el miedo y la tensión. Está usted viviendo en la gozosa expectativa de lo mejor, ya que sólo lo mejor debería acudir a usted. Su mente está libre de toda preocupación y duda. Sus palabras llenas de verdad disuelven todo pensamiento y emoción negativos en su interior. Abre usted la entrada de su corazón al influjo del Espíritu Santo. Todo su ser queda inundado con la luz y la comprensión que procede del interior, y los asuntos insignificantes ya no le irritan. Con sus ojos centrados en Dios, no hay mal alguno en su camino.

En pocas palabras

La gente experimenta los mismos síntomas corporales, independientemente de que sus miedos sean legítimos o no. Las glándulas adrenales secretan hormonas cuando la gente se vuelve ansiosa con respecto a las amenazas reales y los desastres imaginarios.

No tiene por qué sufrir debido a las preocupaciones crónicas. No pase tiempo pensando en sus problemas y abandone todo pensamiento negativo, ya que su mente no puede funcionar armoniosamente si está tensa. Hacer algo tranquilizador y agradable cuando se enfrenta a un problema alivia el estrés.

Está usted aquí para expresarse, implicarse y liberar sus talentos ocultos al mundo. Dios le dio todos Sus atributos, cualidades y poderes, y está usted aquí para utilizarlos y dar vida a sus deseos.

Si quiere superar el estrés y la tensión, acuda frecuentemente al Espíritu de su interior y afirme que el Poder

Todopoderoso se está desplazando por su interior. Se verá usted refrescado, revitalizado y fortalecido.

Cuando esté usted perplejo y confuso sobre qué decisión tomar, no se ponga tenso al respecto. Recuerde que dispone de un Guía Interior que le dirigirá y le orientará en todos sus caminos, revelándole el plan perfecto y mostrándole el camino que debería seguir.

La Biblia dice: «Escoge, en este preciso día, a quién servirás». La clave para una buena salud, la felicidad, la paz y la abundancia yace en la capacidad para escoger. Cuando aprenda a pensar correctamente dejará de escoger el dolor, la desgracia, la presión sanguínea elevada y las limitaciones. Por el contrario, escogerá de entre los tesoros del Infinito que hay en su interior. Afirmará usted con decisión: «Elijo la felicidad, la paz, la prosperidad, la sabiduría y la seguridad hoy y cada día de mi vida».

Capítulo 9

La falacia de la vejez

Estados Unidos es un fantástico país para ser joven. De hecho, idolatramos a la juventud. Pero ahora este país se va a convertir en un lugar genial en el que envejecer, ya que un elevado porcentaje de la población está acercándose a la edad de 65 años o tiene incluso una edad más avanzada. Estas personas mayores son activas en el campo de la política y están haciendo que la gente conozca sus necesidades. Esto es algo afortunado, ya que necesitamos su experiencia y su sabiduría en el gobierno, la ciencia, los negocios y las artes. Nos ofrecen conocimientos e inteligencia cosechados a lo largo de toda su vida. Tal y como dice la Biblia: «Sobre todas tus posesiones, adquiere inteligencia».

No obstante, muchas personas todavía no se han dado cuenta de que la vejez puede ser valiosa. Por ejemplo, hace algunos años llamé a un viejo amigo de Londres que estaba muy enfermo. Me dijo: «Nacemos, crecemos y nos volvemos viejos e inútiles. Y ése es el final». Su actitud de inutilidad y de falta de valía era la principal razón de su enfermedad. Estaba frustrado, débil y casi sin vida. Sintió que, debido a su avanzada edad (tenía más de 82 años), no tenía ninguna esperanza. Creía que nadie se preocupaba por él y ansiaba la muerte.

Desgraciadamente, mucha gente muestra la misma actitud que mi amigo. Temen a la vejez y a la muerte. Esto significa que, en realidad, tienen miedo a la vida, ya que somos eternos. La vida no tiene principio ni final. El Espíritu nunca nació y nunca podrá morir. Su cuerpo es el vestido que Dios se pone cuando toma forma humana. Su yo físico es el instrumento a través del cual el Espíritu funciona en este plano. Cuando finalice con esta encarnación, se pondrá un cuerpo de la cuarta dimensión, ya que la gloria que representa el ser humano no tiene fin.

La vida es una progresión. El viaje siempre es hacia delante, hacia arriba y hacia Dios. Todas las cosas del universo vuelven, gradualmente, hacia lo informe, y lo informe siempre está adoptando nuevas formas.

La gente que cree que el ciclo terrenal del nacimiento, la adolescencia, la madurez y la vejez son todo lo que la vida tiene que ofrecernos merece toda nuestra lástima. No siente que la vida tenga sentido y esta creencia provoca una sensación de desesperanza que da como resultado la neurosis y todo tipo de enfermedades. A medida que envejecemos necesitamos desarrollar, en lugar de lo anterior, nuestra conciencia de la Presencia y el Poder de Dios y una fe más profunda en la respuesta de la Inteligencia Suprema a nuestra forma consciente de pensar.

La ancianidad no es algo trágico. Es, simplemente, un cambio, y se le debería dar la bienvenida con alegría, ya que cada fase de la vida humana es un paso hacia adelante en el camino que no tiene final. Disponemos de poderes que van más allá de nuestro cuerpo y capacidades que trascienden a nuestros cinco sentidos. Los científicos de los laboratorios académicos de todo el mundo están aportando pruebas irrefutables de que podemos abandonar nuestro yo físico; viajar miles de kilómetros; y ver, oír, tocar y hablar con personas incluso a pesar de que nuestro cuerpo esté en un sofá situado a una enorme distancia. Los países totalitarios están usando esta proyección astral con fines de espionaje y para otros tipos de detección: este hecho es bien conocido por nuestro departamento de defensa.

La gente está haciendo todo lo posible para parecer joven, incluyendo someterse a operaciones de cirugía estética. No obstante, se están negando la soberanía de la Única Presencia. Siempre permanecerá usted joven si piensa desde un punto de vista espiritual, ya que el Espíritu nunca envejece. Sencillamente, céntrese en lo que sea verdadero, encantador, puro, honesto y bueno, ya que la alegría del Señor es su fuerza.

La mejor técnica antiedad consiste en buscar la paz en el centro Divino de su interior. Sintonice y siéntalo ahora. Todos los rencores, las críticas y el odio dirigidos hacia usted se verán absorbidos, neutralizados y disueltos en el gran océano del amor y la armonía de Dios. Éste es el secreto para permanecer joven por siempre. Por ejemplo, el presidente de Estados Unidos. Herbert Hoover se mantuvo muy activo en su ochentena, trabajando en misiones especiales para el gobierno. Estaba sano, feliz, vigoroso y lleno de vida. Su mente gozaba de claridad y resolución. De hecho, su sagacidad era mayor que cuando tenía cuarenta años. Era un hombre religioso (era cuáquero) y tenía una gran fe en Dios, en la vida y en el universo. Se vio sujeto a un gran aluvión de críticas durante los años de la Depresión, pero dejó que la tormenta amainara y no envejeció lleno de amargura y resentimiento.

Algunas personas son viejas, están amargadas y son sarcásticas con treinta años, mientras que otras son jóvenes con ochenta. Están llenas de alegría y risas y pasan su tiempo pintando, nadando, bailando, escribiendo, esculpiendo, enseñando y haciendo todo tipo de cosas maravillosas. Es algo estupendo. La gran ley de la vida es: *Tal y como piensa un hombre en su corazón, así es él.*

La gente que tiene entusiasmo sigue siendo productiva mientras envejece. Por ejemplo, la Dra. Valerie L. seguía siendo una cirujana en activo con ochenta y tres años. Realizaba operaciones cada mañana, visitaba a pacientes por la tarde e impartía cursos en una facultad de medicina. Estaba llena de alegría y buena voluntad. A Valerie le encantaba su trabajo y me dijo: «Si muriera mañana operaría a la gente en la siguiente dimensión de la vida».

Otras personas también han conseguido grandes cosas en una etapa avanzada de su vida. Por ejemplo, Giuseppe Verdi compuso su ópera *Otelo* cuando tenía 74 años. El líder metodista John Wesley se mostró extremadamente activo en lo concerniente a la exposición de sus convicciones sobre Dios y Sus leyes hasta bien entrada la ochentena: ardía con el celo y el entusiasmo del Espíritu. El dramaturgo irlandés George Bernard Shaw siguió escribiendo hasta su muerte, a la edad de 94 años.

Algunas personas intentan volver a capturar su juventud yendo de un bar a otro o intentando estar a la altura de sus hijos en un partido de fútbol o nadando. No obstante, esto no funciona, ya que no podemos mantener el ritmo que teníamos cuando éramos adolescentes ni podemos vencer a nuestros hijos a la hora de escalar una montaña. Durante las últimas fases de la vida, la naturaleza fuerza al organismo a ir más despacio. Ésta es la Presencia de Dios que dice: «Ahora queremos que te impliques en una comunión mental y espiritual con lo Divino. Entonces acumularás años sin envejecer. Experimentarás alegrías que la juventud nunca podrá conocer, ya que estás comulgando con el Espíritu de Dios, que nunca nació y que nunca morirá».

Por tanto, no se preocupe en exceso por su cuerpo ni por su aspecto, ya que está usted aquí para expresar todas las cualidades y los atributos de Dios y para desarrollar una madurez espiritual.

Mientras entra en meditación con el Ser Eterno, diga: «El amor de Dios llena mi alma, la paz de Dios inunda mi mente, la luz de Dios ilumina mi camino y el poder de Dios fluye a través de mí». Entonces no intentará volver a capturar su juventud, sino que conectará con la Presencia que le anima, le mantiene y le fortalece.

Si su cuerpo va más lento y no puede jugar un partido de tenis o nadar tan rápido como su hijo o su hija, recuerde que el Espíritu siempre está poniéndose trajes nuevos. Lo que llamamos *muerte* no es más que un viaje hacia una nueva ciudad, en otra mansión de la casa de nuestro Padre. Nuestro viaje siempre es hacia delante, hacia arriba y hacia Dios. Pasamos de una gloria a otra, de una fortaleza a otra y de una sabiduría a la siguiente, ya que formamos parte del Espíritu Infinito.

El tiempo es relativo. Cuando a Einstein le preguntaron qué era el tiempo, dijo: «Es así: si estás hablando con una chica hermosa, una hora parece un minuto; pero si estás sentado sobre un horno caliente durante treinta segundos, te parecerá una hora». El tiempo es nuestros pensamientos, nuestros sentimientos y nuestro estado de consciencia.

Conocí a una mujer en Beverly Hills que había estado recluida en un campo de concentración nazi durante la Segunda Guerra Mundial. Todos sus familiares habían sido asesinados por los alemanes, pero nunca antes había conocido a una mujer más gentil, espiritual y dulce. Tenía 75 años, pero parecía que tuviera 40. Había pasado las de Caín, y le habían dado palizas, patadas y le habían escupido encima, pero reaccionaba con amor. Rezaba por sus captores y creía que Dios la sacaría de ahí en la ley y el orden Divinos. No creció siendo una amargada ni sintiendo odio, ya que estas son las cualidades que provocan que la gente se vuelva decrépita.

¿Cómo podría usted decir: «Estoy viejo y soy un inútil»? Nunca, en toda la eternidad, podría usted agotar la gloria y la belleza que hay en usted, ya que contiene usted la Presencia de Dios. Recordar esto le mantendrá joven, y lleno de vida y de la luz que nunca se debilita. No puede usted ser menos mañana de lo que es hoy, ya que la vida no va hacia atrás ni permanece en el ayer. Dese cuenta de que lo Divino que hay dentro de usted es soberano, y no descuide su vida espiritual.

El Principio de la Vida siempre está buscando expresarse a través de usted. Es el Ser Eterno y completamente Sabio. Ceda todo su poder al Espíritu de su interior que nunca muere. Nada puede oponerse a él ni viciarlo. No atribuya poder a las cosas, a las personas ni a los sucesos, ya que eso le convertiría en alguien débil y anémico. No diga: «Ella está bloqueando mi bien» o «Él evita que obtenga un empleo». En realidad, nadie tiene poder sobre usted. Sólo Dios Todopoderoso lo tiene. Mucha gente se vuelve cascarrabias, irritable, chismosa e inflexible. Estos son signos propios de la ancianidad. Si tiene usted veinte años y es cascarrabias y tiene los nervios de punta, será ya una persona muy vieja, pero si es amable y gentil y disfruta de la risa de Dios, entonces se mantendrá joven, independientemente de su edad cronológica. Cuando está usted lleno de fe y tiene confianza en el único Poder que existe, permanece exuberante.

Las dietas, el ejercicio, las posturas de yoga, el respirar por la nariz y las técnicas de todo tipo no le mantendrán joven porque son medidas externas. Cuando empieza por su cuerpo, intentando reacondicionarlo a través del ejercicio y cosas de ese tipo, no está más que tomándose el pelo a sí mismo. De hecho, el Espíritu se ve condicionado por el pensamiento. Si sus pensamientos están centrados en lo que es hermoso, noble y bueno, se mantendrá usted joven independientemente de su edad cronológica. Mientras tenga pensamientos sagrados, su respiración cambiará. Cada célula de su organismo desarrollará una belleza radiante que no le aportará el comer uvas, zanahorias ni otros alimentos saludables. Por tanto, debe consumir el pan de la vida: la paz, la alegría, el amor y la inspiración.

Envejecemos cuando perdemos interés por la vida y dejamos de soñar en nuevas verdades y mundos que conquistar. No obstante, cuando nuestra mente está abierta a las ideas y los intereses nuevos y abrimos las cortinas y dejamos que entre la luz del sol, siempre nos mantendremos jóvenes y llenos de vida. Por ejemplo, hace muchos años me presentaron a un hombre en Bombay que decía que tenía 110 años. Tenía el rostro más hermoso que haya visto nunca y parecía transfigurado por el resplandor de una luz interior. Había una belleza peculiar en sus ojos que indicaba que había envejecido con alegría.

Si tiene usted 99 años, dese cuenta de que sigue teniendo mucho que ofrecer. Puede usted ayudar a guiar a las generaciones más jóvenes y aportar sus conocimientos, su experiencia y su sabiduría. Se encontrará con que nunca podrá dejar de desvelar las glorias y las maravillas del «Ser que es por siempre».

Los periódicos están empezando a tener conocimiento del hecho de que la población anciana de California y de otros estados de Estados Unidos está aumentando a marchas forzadas. Esto significa que su voz será oída en las legislaturas del estado y en los salones del Congreso. Se han promulgado leyes federales que prohíben a los empleadores discriminar a las personas debido a su edad. Ahora existe una ley que desalienta a las empresas de echar a los trabajadores de mayor edad cuando hacen recortes de personal.

No se debería pedir a nadie que se jubilara cuando cumpla los 65 años, ya que ese es el momento de la vida en el que se podría ser más útil a la hora de manejar problemas con el personal, hacer planes para el futuro y concebir ideas basadas en su experiencia y sus conocimientos de la naturaleza de la empresa. Sé que algunos de los ingenieros que asisten a mis conferencias de los domingos tienen 75 u 80 años. Hacen contribuciones a la sociedad con sus conocimientos y su comprensión sobre la ingeniería. Sus ideas no tienen nada de malo, sino que son maravillosas.

Conozco a hombres y mujeres que me cuentan que algunos empleadores les cierran la puerta en las narices en cuanto dicen que tienen más de 40 años. Un hombre me explicó que una empresa no quería contratarle porque tenía 36 años y porque no querían pagar algunos dólares más por las primas de los seguros. El énfasis parece estar totalmente puesto en la juventud, lo que resulta absurdo y superficial y tiene que cambiar. Si el empleador se parara a pensar se daría cuenta de que los que solicitan un empleo no están vendiendo su edad, sino que más bien están ofreciendo su talento, su experiencia y su sabiduría cosechados a lo largo de los años pasados en el mercado de la vida. Por tanto, la edad de una persona debería ser un claro valor activo para una empresa, ya que alguien con madurez emocional y espiritual supone una fantástica bendición para cualquier organización.

Es de lo más estúpido decir a la gente que no puede ser contratada porque es mayor. Es como decirle que están ya listos para irse al montón de la basura. ¿Qué pueden hacer estas personas? ¿Enterrar sus talentos? ¿Esconder su luz debajo de un cajón? Aquellos a los que no les permiten trabajar debido a su edad, deben ser mantenidos por el Estado a nivel nacional, regional y provincial. Las mismas organizaciones que rehúsan contratarles y beneficiarse de su sabiduría y su experiencia tienen que pagar impuestos para mantenerles. Estas compañías están provocándose mayores problemas a sí mismas. Es una forma de suicidio financiero.

Estamos aquí para ser productores, y no prisioneros de una sociedad que nos impone ser holgazanes y nos deja en manos de la asistencia social. Nuestro cuerpo se ralentiza gradualmente a medida que nuestra edad aumenta, pero la mente no tiene por qué envejecer. De hecho, puede ser mucho más activa a los noventa que a los nueve o a los veinte años. Puede estar alerta y verse agilizada por el Espíritu Santo. Había una época en su vida en el que era feliz y todo le era proporcionado. Jugaba en la arena y estaba rodeado por sus seres queridos. Estas personas amadas siguen estando a su alrededor: sólo se ven separadas por una frecuencia de energía. De hecho, si fuera usted un parapsicólogo o un clarividente, las vería, y puede que en ocasiones las atisbe en sus sueños.

Los parapsicólogos me explican que a veces ven espíritus en mi púlpito cuando estoy hablando, y me los describen en detalle. Estos espíritus son personas a las que he conocido, y estoy seguro de que los parapsicólogos nunca las habían visto antes. ¿Cree que esto es extraño? Pues bien, no hay nada raro en ello: nada en absoluto.

La vida consiste en la expansión y el desarrollo, y sus seres queridos están creciendo y expandiéndose en la siguiente dimensión de la vida: ellos nunca pueden ir hacia atrás. Por ejemplo, si está usted en el octavo curso de primaria no podrá volver al primer curso, ya que eso sería contrario a las leyes de la naturaleza. La vida va de una gloria a otra, siempre hacia arriba.

En Dios está la plenitud de la alegría y no hay oscuridad en absoluto. Sienta la Presencia Curativa milagrosa desplazándose a través de su mente y de su cuerpo. Sepa que es usted inspirado, elevado, rejuvenecido y fortalecido. Entonces sentirá una respuesta profunda y se verá recargado espiritualmente. Puede rebosar de entusiasmo y felicidad, como en la época de su juventud, por la sencilla razón de que siempre puede volver a asir ese estado gozoso mental y emocionalmente. La Inteligencia Divina le revela todo lo que necesita saber y le permite afirmar la presencia de su bien independientemente de las apariencias. Usted camina bajo Su luz y todas las sombras desaparecen.

En lugar de decir: «Soy viejo», proclame «Soy sabio y joven al estilo de Dios». Usted no es un fracaso, ya que sabe que Dios nunca tropieza. Nació para triunfar, así que no permita que la mente de la masa le diga que está usted envejeciendo y volviéndose senil e inútil. Rechace esas creencias, ya que son una mentira. Diga «Sí» a la vida, y no a la muerte. Dese cuenta de que vive usted por siempre y de que el Espíritu es su realidad. Imagínese siendo una persona feliz, radiante, exitosa y llena de la luz de Dios.

Si está usted jubilado, no diga: «Estoy acabado... Estoy cansado y soy viejo». ¡No! Necesitará poner unas ruedas nuevas bajo el viejo chasis y quizás tenga que desempeñar algún trabajo distinto, pero manténgase activo y presente. Interésese por la Biblia, el Corán, el Talmud u otras obras religiosas o filosóficas. Ahonde en ellas en busca de su significado interior. Consígase una nueva vocación o haga algo con lo que siempre había soñado. Vaya a la universidad y apúntese a clases sobre temas que siempre había querido estudiar. Viaje, explore, investigue... y rece de la siguiente manera: «Al igual que el ciervo acude jadeando al arroyo, también mi corazón jadea por ti, Dios».

Asegúrese de que la mente nunca se jubile, ya que es como un paracaídas, que no sirve de nada si no se abre. Esté receptivo a las ideas nuevas, ya que Dios habita dentro de usted. Tal y como dice la Biblia: *Su carne será joven como la de un niño; volverá a la época de su juventud. Rezará a Dios y se deleitará en él.*

En pocas palabras

Mucha gente teme a la vejez y a la muerte. Esto significa, en realidad, que tienen miedo a la vida, ya que ésta no tiene principio ni final.

La ancianidad no es un suceso trágico. Es un cambio al que deberíamos dar la bienvenida alegremente, ya que cada fase de la vida humana es un paso hacia adelante en el camino que no tiene fin.

Lo que llamamos *muerte* no es sino un viaje a una nueva ciudad en otra mansión de la casa de nuestro Padre. Nuestro viaje siempre es hacia adelante, hacia arriba y hacia Dios. Somos parte de la Presencia Infinita, que nunca nació y nunca morirá.

Si se concentra en lo que es verdadero, encantador, justo y puro, siempre permanecerá joven, ya que estas cualidades nunca envejecen. La alegría del Señor es su fortaleza.

Al tener pensamientos sagrados, su respiración cambiará y cada célula de su organismo adquirirá una belleza radiante que no obtendrá si consume usted uvas, zanahorias y otros alimentos saludables. Por tanto, debe aceptar la invitación al pan de la vida, al amor y a la inspiración.

Si se concentra en el Espíritu, mantendrá la dulzura de sus formas de ser mientras pasa de la juventud a la ancianidad.

Capítulo 10

No tiene usted por qué envejecer nunca

La mayor parte de las personas normales teme ver los signos de la vejez aparecer en su cuerpo y quieren permanecer
llenos de vida y robustos tanto tiempo como sea posible.
Aun así, la mayoría de la población no toma precauciones
sensatas para conservar su juventud y su vigor. Violan las
leyes de la salud y la longevidad y socavan su vitalidad a
través de hábitos estúpidos y antinaturales, y luego se pre-
guntan por qué su energía mengua. Sus yoes físicos pagan
la multa por sus abusos.

Parece extraño que aunque todos amemos tanto la vida
y nos aferremos a ella con una tenacidad tan apremiante,
lancemos deliberadamente a la basura tantos años precio-
sos mediante una forma de vivir incorrecta y una mala pro-
gramación mental. El ser humano es como un buen reloj: si
lo cuidamos correctamente, nos dará la hora con precisión
y funcionará durante un siglo entero, pero si no nos ocupa-
mos de él o lo maltratamos, se estropeará mucho antes de
lo que debiera. Si lleváramos a cabo un esfuerzo tan grande por conservar nuestra juventud, como el que hacemos
muchos de nosotros por amasar una fortuna, podríamos

mantenernos llenos de energía y entusiasmo a lo largo de toda nuestra vida.

La salud perfecta es imposible para aquellos que se engañan creyendo que se encuentran en su declive físico y que su fuerza está reduciéndose gradualmente a medida que envejecen. Mientras siga teniendo pensamientos sobre el envejecimiento e imágenes de la enfermedad, se marchitará rápidamente. Sus convicciones trabajarán en contra de su verdadero deseo de mantenerse joven, del mismo modo en que los pensamientos sobre la pobreza contrarrestan su deseo de prosperar.

Por otro lado, si se centra en la juventud eterna y declara que la verdad de su ser (la Divinidad de su interior) no puede envejecer, no se convertirá en un anciano prematuramente. El pensamiento habitual sobre la vitalidad se pondrá de manifiesto en su organismo en forma de armonía, belleza y elegancia en lugar de en forma de arrugas y debilidad. Usted es tan joven como su espíritu, y su cara no podrá revelar su edad hasta que su mente no haya dado su consentimiento.

La mayoría de nosotros no nos damos cuenta de que nuestra actitud mental siempre está generando resultados, y no comprendemos lo imposible que es para nosotros ir más allá de los límites que nos hemos autoimpuesto y hacer lo que creemos que no podemos hacer. La idea de que nuestra energía debe empezar a declinar y de que las llamas de la ambición se apagarán después de que alcancemos una cierta edad tiene una influencia de lo más perniciosa sobre la mente. De hecho, pensamos en nosotros mismos como en ancianos (nuestras convicciones nos fuerzan a hacerlo), e iremos en esa dirección a menos que cambiemos nuestros pensamientos y modifiquemos nuestra actitud.

No somos ancianos hasta que nuestro interés por la vida se ha desvanecido, nuestro corazón no responde y nuestro entusiasmo mengua. Mientras estemos implicados en los muchos aspectos de la vida y estemos en contacto con los avances de nuestra época, no podremos envejecer. Hace algunos años, un abogado de renombre se suicidó el día de su septuagésimo cumpleaños. Al lado de su cadáver encontraron un libro sobre la vida y la muerte. Incluía un pasaje del Salmo 90:

«Los días de nuestra vida llegan a setenta años; y en caso de mayor vigor, a ochenta años. Con todo, su orgullo es sólo trabajo y pesar, porque pronto pasa, y volamos».

En su nota de suicidio, el abogado escribió: «Tengo setenta años, y ahora sólo sirvo para estar sentado al lado de la chimenea y esperar a la muerte».

Este hombre había pensado tanto en la idea de que somos inútiles y una carga para nosotros mismos y para el mundo después de los 69 años de edad, que se decidió a acabar con todo cuando cumpliera los 70. Aun así, es improbable que el salmista tuviera ninguna intención de poner un límite a la duración aceptable de la vida ni que tuviera ninguna autoridad para hacerlo. Muchos de los dichos de la Biblia que la gente interpreta de forma tan literal y que acepta ciegamente no son más que meras figuras retóricas. En lo concerniente a la Biblia, hay tantas razones para vivir hasta los 120 años como para alcanzar la edad de Matusalem (969 años) o como para sobrevivir sólo hasta los 70 años. De hecho, el espíritu de la Biblia anima a la longevidad mediante una vida sana y saludable. Hace énfasis en la tarea de llevar una vida útil y noble y en hacerlo todo lo mejor posible: todas ellas son cosas que tienden a prolongar nuestra vida sobre la faz de la Tierra.

No siempre nos damos cuenta de lo esclavos que somos de nuestras actitudes mentales y del poder que tienen nuestras convicciones para influir en nuestra vida. Multitud de personas acorta indudablemente su vida debido a sus convicciones profundamente arraigadas de que no superarán una cierta edad (quizás la edad a la que fallecieron sus progenitores). Con cuánta frecuencia oímos a alguien decir: «No espero llegar a viejo, ya que mi padre y mi madre murieron siendo jóvenes».

Nos vemos intensamente afectados por nuestras convicciones autoimpuestas, y es bien sabido que muchas personas mueren muy cerca del límite de edad que se han autoimpuesto. Por ejemplo, no hace mucho, un hombre de Nueva York dijo a sus familiares que iba a morir en su siguiente cumpleaños, aunque gozaba de una salud perfecta. La mañana de su cumpleaños, su familia se alarmó porque rehusó ir al trabajo, diciendo que con toda certeza fallecería antes de la medianoche. Insistieron en llamar al médico de la familia, que le examinó y dijo que no le pasaba nada malo. Pero este hombre no quiso comer, se fue debilitando a lo largo del día y, de hecho, falleció antes de la medianoche. La convicción de que su vida iba a acabar había quedado tan afianzada en su subconsciente que todo el poder de su mente actúo para cortar su fuerza vital.

No obstante, si la convicción de este hombre hubiera podido ser modificada por alguien que hubiera tenido el poder suficiente sobre él, o si hubiera implantado en su mente la idea de que iba a vivir hasta una edad muy longeva, probablemente hubiera vivido muchos años más.

Si le han enseñado o se ha convencido a sí mismo de que empezará a mostrar signos de vejez en su cincuentena, perderá su agudeza mental y el interés por la vida en la sesentena y que luego tendrá que jubilarse y seguir con su declive hasta que quede incapacitado, no habrá ningún poder en el mundo que pueda evitar que envejezca y enferme. Después de todo, la expresión de la edad en el organismo es la cosecha de las ideas que han sido plantadas en la mente. Ve cómo otras personas de aproximadamente su misma edad empiezan a sufrir e imagina que ha llegado el momento de que desarrolle usted los mismos problemas.

Pensar constantemente en «el final» y hacer planes para su muerte y los años de declive, equivale, simplemente, a reconocer que sus poderes están menguando. Esta forma de pensar tiende a debilitar su control sobre el Principio de la Vida, y su mente satisface gradualmente a su convicción.

Si en lugar de ello rehúsa usted envejecer e insiste en centrarse en los pensamientos concernientes a mantenerse fuerte y joven, el cuerpo deberá producir unos resultados equivalentes.

El elixir de la juventud no yace en ningún lugar más que en la mente. No puede usted ser joven simplemente intentando aparentarlo: en primer lugar debe librarse del último vestigio de su creencia de que está usted envejeciendo. Mientras estos pensamientos dominen su mente, los cosméticos y la ropa juvenil harán muy poco por cambiar su aspecto. En primer lugar debe modificar usted su convicción de que está haciéndose mayor para así revertir el estado de envejecimiento. Si puede asentar una actitud de juventud eterna habrá ganado la mitad de la batalla a la vejez.

Algunas personas se toman la vida demasiado en serio y parecen pensar que todo depende de sus propios esfuerzos individuales. Sus vidas son un trabajo pesado continuo y sus sentimientos se ven revelados en sus expresiones faciales. Su pesimismo es uno de los peores enemigos de la juventud. Envejecen prematuramente porque piensan en la vertiente depresiva y negativa de las cosas. Quedan consumidos temprano en su vida y quedan arrugados: sus pensamientos se vuelven tan duros como sus pensamientos. Por otro lado, la gente que vive en la vertiente soleada y hermosa de la vida y que cultiva la serenidad no envejece tan rápidamente.

Otra razón por la cual las personas envejecen prematuramente es que dejan de crecer. Es un hecho lamentable que tanta gente parezca incapaz de aceptar nuevas ideas después de haber llegado a una mediana edad. Permiten que su exploración y su crecimiento mental queden paralizados.

No crea que debe dejar de aprender simplemente porque haya acumulado años. Si piensa así decaerá rápidamente. Nunca se permita dejar el hábito de ser joven. No diga que no puede hacer esto o aquello y no tema tener un espíritu como el de un niño, sin importar cuántos años haya vivido. Recuerde que una mente o una mentalidad rancias hacen envejecer al cuerpo. Siga creciendo y manténgase interesado por todos y por todo lo que hay a su alrededor, ya que no puede aislarse sin que su mente se encoja.

Si desea mantenerse entusiasmado y lleno de vida, olvídese de sus experiencias desagradables. A una mujer de ochenta años le preguntaron hace poco cómo conseguía mantenerse tan joven. Respondió: «Sé cómo desprenderme de las cosas desagradables».

Si quiere permanecer joven, adopte el lema del reloj de sol: «Sólo registro las horas de sol». No se preocupe de las horas de oscuridad o de penumbra y olvídese de los días tristes. Recuerde las experiencias maravillosas y deje que las demás caigan en el olvido.

A un hombre bastante entrado en años le preguntaron cómo conservaba un aspecto tan joven a pesar de su edad. Dijo que había sido director de un instituto durante treinta años y que le encantaba mantenerse implicado en la vida y las actividades deportivas de los jóvenes. Sigue centrado en la juventud, el progreso y en una vida abundante, y no dispone de espacio en su mente para pensamientos sobre la vejez. Ni siquiera hay una insinuación de enfermedad en la conversación o las ideas de este hombre: de hecho, desprende un optimismo que es maravillosamente refrescante.

Si también quiere conservar su salud y su vigor, manténgase interesado por todo, especialmente por las esperanzas y los anhelos de la gente joven. Cuando rehúsa mantenerse implicado con ellos, está confesando usted que está envejeciendo y que su espíritu juvenil está muriendo. El lema de la naturaleza es: «Sigue creciendo o muere».

Mantenga firmemente la convicción de que es algo natural y correcto que se mantenga usted activo. Repítase constantemente que es incorrecto y perverso que envejezca usted en cuanto a la apariencia externa, y que la debilidad y la decrepitud no podían formar parte del plan del Creador para los seres humanos, creados a Su imagen y semejanza de perfección. Afirme repetidamente: «Siempre estoy bien y joven. No puedo envejecer si no es por la producción de las condiciones de la vejez a través de mis pensamientos. Dios tenía pensado para mí un crecimiento continuo y un avance perpetuo, y no voy a permitir que me roben mi derecho de nacimiento».

Incluso aunque la gente diga: «Estás acumulando años» o «Estás empezando a mostrar síntomas propios de la vejez», simplemente rechace estas afirmaciones. Dígase a sí mismo: «Formo parte del Espíritu Infinito, que no envejece».

Nunca se vaya a dormir con pensamientos o imágenes del envejecimiento en su mente, ya que es bien sabido que sembrarán el caos. Es de la máxima importancia que se haga sentir a sí mismo joven por la noche: borrar todas las convicciones de la ancianidad y apartar a un lado todas las preocupaciones y el malestar, que dejarían grabada su imagen en el cerebro y que quedarían expresados en su rostro. La mente preocupada genera, de hecho, sustancias calcáreas en el cuerpo y endurece las células.

En lugar de ello debería dormirse manteniendo sus deseos más queridos en el lugar más importante de su mente. Los ideales más elevados posibles deberían dominar sus pensamientos mientras se queda usted dormido. Como el subconsciente sigue trabajando cuando se adormece, estos pensamientos e imágenes se ven intensificados e incrementados.

Cuando se despierte por la mañana, especialmente si es de mediana edad o mayor, imagínese las cualidades propias de la juventud tan vívidamente como sea posible. Dígase a sí mismo: «Soy joven, fuerte y optimista. No puedo volverme viejo ni decrépito porque en la verdad de mi ser soy Divino, y el Principio Divino no puede envejecer».

Debemos desprendernos de la idea, alojada en nuestros pensamientos, de que nuestro cuerpo se desgastará inevitablemente y que se volverá viejo e inútil. ¿De dónde ha salido esta idea absurda? Debemos aprender que vivir, trabajar y tener experiencias no debería agotar la vida, sino generar una mayor cantidad de ella. De hecho, la naturaleza nos ha otorgado una juventud perpetua y el poder de la renovación continua. El cuerpo siempre se está regenerando. Los fisiólogos nos dicen que las células de algunos músculos se renuevan cada pocos días o meses. Algunas autoridades estiman que entre el 80 y el 90 % de las células del organismo de una persona normal son reemplazadas por completo cada 6-24 meses.

Si sus pensamientos están centrados en imágenes negativas sobre el hecho de envejecer, esa imagen quedará grabada en sus células en desarrollo. Como contraste, si el espíritu de la juventud domina sus ideas, entonces la impresión que quedará en las células será de juventud. En resumen, los miles de millones de células que constituyen el organismo se ven afectadas instantáneamente por cada pensamiento que pasa por su subconsciente. Es sorprendente lo rápidamente que los pensamientos sobre el envejecimiento pueden hacer que las células nuevas parezcan viejas. Sin darse cuenta de ello, la mayoría de la gente está utilizando pensamientos sobre la senilidad y el declive como un cincel que hace más profundas sus arrugas.

La confusión, las ansiedades, los celos y la indulgencia en las pasiones explosivas tienden a acortar la vida. La gente que se está preocupando constantemente no puede evitar manifestar problemas en su organismo. Nada en el mundo puede contrarrestar este proceso de osificación excepto un cambio total de sus pensamientos.

De forma similar, el egoísmo acelera el envejecimiento, ya que viola un principio fundamental de nuestro ser: la equidad. El egocentrismo tiende a hacer más rígidas y a secar las células del cerebro y de los nervios. Instintivamente, nos despreciamos por ser egoístas, y esta cualidad erosiona nuestra salud, nuestra armonía y nuestra sensación de bienestar.

Si quiere mantenerse joven debe aprender el secreto del autorrejuvenecimiento en sus pensamientos. Encontrará un maravilloso poder de restauración en el cultivo de la fe en el principio inmortal de la salud en cada átomo de su ser. Hay un aspecto de usted mismo que nunca enferma ni muere: su conexión con lo Divino. Conservar la consciencia sobre esta gran verdad le curará.

Para evitar el envejecimiento debe conservar la imagen de la juventud y de toda su belleza y su gloria grabada en su mente. Afirme constantemente: «Soy joven porque estoy siendo renovado constantemente. Mi vida se ve rejuvenecida a cada momento por la Fuente Infinita de la vida. Soy nuevo cada mañana y también soy alguien fresco cada tarde porque vivo, me muevo y tengo mi ser en Dios».

Haga que esta visión de la renovación constante sea tan vívida que sienta la emoción de la juventud por todo su organismo. No debería permitir, bajo ninguna circunstancia, que las sugerencias relativas a la vejez y la enfermedad entren sigilosamente en su mente. Recuerde que lo que siente y aquello de lo que está convencido se verá reflejado en su cuerpo. Si cree que está envejeciendo y camina, habla, se viste y actúa como una persona anciana, acelerará el proceso del envejecimiento. Aférrese al pensamiento de que la verdad de su ser nunca puede envejecer, ya que es el Principio Divino. Imagínese a las células del organismo viéndose rejuvenecidas constantemente y su hábito de tener pensamientos sobre la juventud eliminará su patrón de pensamiento sobre la degeneración. Si puede sentir cómo todo su cuerpo es renovado continuamente, lo mantendrá usted lleno de vida y joven.

El elixir de la juventud que los alquimistas y los farmacéuticos han buscado durante tanto tiempo yace en nuestro interior. El secreto se encuentra en nuestra propia mentalidad, ya que el rejuvenecimiento perpetúo es posible sólo si se piensa correctamente. Por tanto, cada vez que piense en sí mismo, genere un dibujo mental vívido de su yo ideal como la viva imagen de la juventud, la buena salud y el vigor. Sienta el espíritu de la juventud y la esperanza avanzando por todo su cuerpo. Fórmese la visión más perfecta posible de la masculinidad o la femineidad.

Intente ver lo mejor en cada persona. Cuando piense en una persona mantenga en su mente el ideal de esa persona: aquello que Dios quería que fuera. No se imagine al ser deforme, débil e ignorante resultante de los vicios y de una vida incorrecta. Este hábito de rehusar no ver nada más que el ideal no sólo supondrá una maravillosa ayuda para los demás, sino también para sí mismo. Rehúse ver los defectos o las imperfecciones en cualquier persona y mantenga continuamente sus ideales más elevados.

Un Creador completamente sabio y benevolente no nos habría proporcionado un anhelo tan enorme por una vida larga y saludable sin ofrecernos ninguna posibilidad de hacer realidad nuestros deseos. No existe la más mínima prueba de que nuestro destino fuera volvernos débiles, tullidos e inútiles al cabo de, relativamente, pocos años. En lugar de ello, la expansión y el crecimiento perpetuos son nuestro destino Divino. El «hacia adelante y hacia arriba» está escrito en cada átomo del universo. Todo lo que procede de la Deidad Sagrada lleva el sello del progreso imperecedero, y todo avanza con un fin eterno.

Si los seres humanos pudieran, simplemente, captar la idea de que su esencia es Divina y que ésta no envejece, perderían toda sensación de miedo y preocupación, todos los enemigos de su progreso y su felicidad desaparecerían, y el proceso de envejecimiento cesaría.

Nunca, ni por un momento, se permita pensar que es usted demasiado viejo para hacer esto o aquello, ya que sus pensamientos y sus convicciones se manifestarán muy pronto en forma de una cara llena de arrugas y en una expresión de persona anciana prematura. No hay nada más científico que la verdad de que nos convertimos en aquello en lo que pensamos.

Es extremadamente rejuvenecedor tener unos ideales elevados y unos sentimientos nobles. El espíritu no puede envejecer mientras estamos aspirando constantemente a algo mejor y más noble. Por tanto, manifestemos la belleza en nuestra vida teniendo pensamientos hermosos, imaginando unos ideales gloriosos e ideando cosas encantadoras en nuestra imaginación.

Si quiere tener una vida larga, ame su trabajo y siga haciéndolo. No se jubile a los cincuenta años porque crea que sus facultades están menguando o porque necesite un descanso. Tómese unas vacaciones cuando las necesite, pero no abandone su empleo. «No puedo envejecer,» dice una afamada actriz, «porque amo mi arte. Paso mi vida absorbida en él y nunca me aburro. ¿Cómo le pueden salir arrugas a alguien y volverse infeliz cuando siempre se está ocupado haciendo aquello con lo que se disfruta y su espíritu es joven? Cuando estoy cansada, no es mi alma la que está agotada, sino simplemente mi cuerpo».

Si no disfruta de la vida, no siente que es una delicia estar vivo y no considera su trabajo como un gran privilegio, envejecerá prematuramente. Cultive siempre una actitud mental positiva y el proceso de envejecimiento no podrá aferrarse a usted. Piense en Susan B. Anthony, la líder estadounidense del movimiento por los derechos civiles, que se mantuvo vigorosa y llena de entusiasmo en su ochentena, igual que lo estuvo medio siglo antes. Y piense en George Burns, que siguió actuando hasta su muerte, a la edad de cien años. ¿Quién piensa en estas espléndidas personas como en unos seres ancianos, débiles o dejados atrás por competidores más jóvenes?

Se dice que la gente que vive muchos años tiene grandes esperanzas. Si mantiene la moral alta a pesar de los desánimos y se enfrenta a todas las dificultades con una cara alegre, será extremadamente difícil que la edad trace sus arrugas en su rostro.

No se desprenda del amor ni del romance, ya que son amuletos contra el envejecimiento. Si la mente se ve contantemente bañada en amor y llena de sentimientos caritativos para con todos, el cuerpo se mantendrá lleno de vida y sano durante muchos años más que si el corazón se hubiera secado y se hubiera vaciado de comprensión humana. La compasión es el tratamiento antiedad más poderoso y es la más exquisita de las cualidades humanas. La gente que quiera ganar la batalla a los años debe evitar la envidia, la malicia y las pequeñas mezquindades que provocan amargura en el corazón, marcan arrugas en el rostro y debilitan el brillo de los ojos. Un alma pura, un cuerpo sano y una mente generosa, respaldadas por la determinación de permanecer lleno de vida, constituyen una fuente de juventud que cada uno de nosotros puede encontrar en su interior. Piense en la vida y exprésela desde cada poro de su ser. Cierre siempre las puertas a todos los enemigos de la juventud: a todos los pensamientos sobre el envejecimiento y el deterioro. Olvídese de las experiencias desagradables y de los incidentes desapacibles. A través del pensamiento armonioso conservará su juventud y disfrutará de una larga vida.

En pocas palabras

Una salud, un vigor y una robustez perfectos resultan imposibles para aquellos que trabajan con el convencimiento de que van de mal en peor y de que sus poderes están menguando gradualmente con la edad.

No somos ancianos hasta que nuestro interés por la vida desaparece, nuestro corazón se vuelve insensible y nuestro espíritu queda agotado. Mientras estemos implicados en los muchos aspectos de la vida no podremos envejecer de espíritu.

Si piensa en el Principio Eterno y declara que su Divinidad interior no puede volverse anciana ni morir, no envejecerá usted prematuramente. Este pensamiento habitual se manifestará en el organismo en forma de armonía, belleza y elegancia, en lugar de en forma de arrugas y otras señales propias de la ancianidad. Es usted tan joven como su espíritu, y su rostro no podrá delatar los años hasta que la mente haya dado su consentimiento.

Las creencias son muy poderosas. Si se concentra en los pensamientos relativos a la ancianidad, lo que sucederá será la vejez. No obstante, si se concentra en pensamientos de juventud, el cuerpo seguirá a esos pensamientos. Recuerde que una mente rancia envejece al cuerpo. Manténgase interesado por todo lo relativo a usted. ¡Siga creciendo o muera!

La vida debería ser una alegría perpetua. Si no disfruta de la vida, no siente que es una delicia estar vivo y no considera que su trabajo es un gran privilegio, envejecerá prematuramente. La confusión mental, las ansiedades, los celos y la indulgencia en las pasiones explosivas tienden a acortar la vida. Por tanto, afirme constantemente: «Siempre estoy bien y joven, y no puedo envejecer a no ser que produzca las condiciones propias de la ancianidad a través de mi mente. El Creador pretendió que creciera continuamente, y no voy a permitir que se me robe mi derecho de nacimiento de una juventud perenne».

No se permita, ni por un momento, pensar que es usted demasiado mayor para hacer esto o aquello, ya que sus pensamientos y convicciones se manifestarán muy pronto en forma de un rostro arrugado y una expresión de anciano. No hay nada más científico que la verdad que dice que nos convertimos en aquello en lo que pensamos.

Disponemos de tres cualidades que nos permitirán morir siendo jóvenes aunque vivamos hasta los cien años: compasión, progreso y tolerancia. Los hombres o mujeres que posen estas cualidades Divinas se mantienen siempre jóvenes.

La gente que quiere permanecer joven debe mostrar compasión por todos y evitar las preocupaciones, la envidia, la malicia y todas las pequeñas mezquindades que provocan amargura en el corazón, dibujan arrugas en el rostro y apagan el brillo de los ojos. Un alma pura, un cuerpo sano y una mente generosa respaldados por la determinación para mantenerse joven constituyen una fuente de la juventud que cada uno de nosotros puede encontrar en sí mismo.

Acerca del autor

Joseph Murphy nació el 20 de mayo de 1898 en un pueblo del condado de Cork (Irlanda). Su padre, Denis Murphy, era diácono y profesor en la National School de Irlanda, un centro dirigido por jesuitas. Su madre, Ellen (cuyo apellido de soltera era Connelly), era ama de casa y más adelante dio a luz a otro hijo, John, y a una hija, Catherine.

Joseph fue criado en un hogar católico estricto. Su padre era bastante devoto y, de hecho, era uno de los pocos profesores seglares que instruía a los seminaristas jesuitas. Tenía amplios conocimientos sobre muchos temas y desarrolló en su hijo el deseo de estudiar y aprender.

En esa época, Irlanda estaba padeciendo una de sus muchas depresiones económicas, y muchas familias estaban muriendo de hambre. Aunque Denis Murphy siempre tuvo trabajo, sus ingresos apenas bastaban para mantener a su familia.

El joven Joseph fue inscrito en la National School y fue un estudiante brillante. Se le animó a estudiar para el sacerdocio y fue aceptado como seminarista jesuita. No obstante, para cuando estaba en los últimos años de su adolescencia, empezó a cuestionarse la ortodoxia católica de los jesuitas y se retiró del seminario. Como su objetivo era el de explorar nuevas ideas y adquirir nuevas experiencias (un objetivo que no podía cumplir en la católica Irlanda), se despidió de su familia para irse a América.

Llegó al centro de inmigración de Ellis Island con sólo cinco dólares en el bolsillo. Su primer proyecto fue el de encontrar un lugar en el que vivir. Tuvo la suerte de encontrar una pensión en la que compartía una habitación con un farmacéutico que trabajaba en una farmacia cercana.

Los conocimientos de Joseph de la lengua inglesa eran mínimos, ya que en su hogar y en la escuela se hablaba gaélico, así que, al igual que la mayoría de los inmigrantes irlandeses, Joseph trabajaba como jornalero, ganando lo suficiente para su alimentación y alojamiento.

Él y su compañero de habitación se hicieron buenos amigos, y cuando surgió un empleo en la farmacia en la que trabajaba su compañero, fue contratado como ayudante del farmacéutico. Se inscribió de inmediato en una escuela para estudiar farmacia. Con su mente despierta y su deseo de aprender, a Joseph no le llevó mucho tiempo aprobar los exámenes de habilitación y convertirse en un farmacéutico hecho y derecho. Ahora ganaba dinero suficiente para alquilar un apartamento sólo para él. Al cabo de algunos años compró la farmacia, y durante los siguientes años fue el dueño de un negocio próspero.

Cuando Estados Unidos entró en la Segunda Guerra Mundial, Joseph se enroló en el ejército y le pusieron a trabajar como farmacéutico en la unidad médica de la 88ª División de Infantería. En esa época renovó su interés por la religión y empezó a leer mucho sobre distintas creencias espirituales. Después de su licenciatura del ejército decidió no volver a su profesión en la farmacia. Viajó mucho, estudiando cursos en varias universidades de Estados Unidos y otros países.

Gracias a sus estudios, Joseph quedó cautivado por las distintas religiones asiáticas y viajó a la India para aprender sobre ellas en profundidad. Estudió todas las creencias principales y su historia. Amplió estos estudios a los grandes filósofos desde la antigüedad hasta el presente.

Aunque estudió con algunos de los profesores más inteligentes y con mayor visión de futuro, la persona que más influyó en Joseph fue el Dr. Thomas Troward, que era juez, además de filósofo, médico y profesor. El juez Troward se convirtió en el mentor de Joseph y le introdujo en el estudio de la filosofía, la teología y la ley, además del misticismo y de la orden masónica. Joseph se convirtió en un miembro activo de esta orden, y a lo largo de los años ascendió hasta el nivel 32 según el Rito Escocés.

Tras su regreso a Estados Unidos, Joseph decidió convertirse en pastor y transmitir sus amplios conocimientos a la gente. Como su concepto de la cristiandad no era tradicional y, de hecho, iba a contracorriente de la mayoría de las confesiones cristianas, fundó su propia iglesia en Los Ángeles. Atrajo a un pequeño número de feligreses, pero no llevó mucho tiempo que su mensaje de optimismo y esperanza, en lugar de los sermones de «pecado y condenación» de tantos pastores, atrajera a muchos hombres y mujeres a su iglesia.

El Dr. Joseph Murphy era defensor del movimiento del Pensamiento Moderno. Este movimiento fue desarrollado a finales del siglo XIX y principios del XX por muchos filósofos y grandes pensadores que estudiaron este fenómeno y predicaron, escribieron y practicaron una nueva forma de enfrentarse a la vida. Combinando un enfoque metafísico, espiritual y pragmático a la forma en que pensamos y vivimos, destaparon el secreto de la obtención de lo que deseamos de verdad.

Los defensores del Pensamiento Moderno predicaban una nueva idea de la vida basada en principios prácticos y espirituales que todos podemos usar para enriquecer nuestra vida y generar unos resultados perfeccionados. Podemos hacer estas cosas sólo tras haber conocido la ley y haber desarrollado una comprensión de la misma, que Dios parece haber escrito en los enigmas del pasado.

Por supuesto, el Dr. Murphy no era el único pastor que predicaba este mensaje positivo. Se fundaron y desarrollaron varias iglesias cuyos pastores y feligreses estaban influidos por el movimiento del Pensamiento Moderno durante las décadas siguientes a la Segunda Guerra Mundial. La Iglesia de la Ciencia Religiosa, la Iglesia de la Unidad y otros lugares de culto predican filosofías similares a la comentada. El Dr. Murphy bautizó a su organización con el nombre de Iglesia de la Ciencia Divina. Frecuentemente compartía plataformas, dirigía programas conjuntos con sus colegas de mentalidad similar y preparaba a otros hombres y mujeres para que se unieran a su sacerdocio.

A lo largo de los años, otras iglesias se le unieron para desarrollar una organización llamada la Federación de la Ciencia Divina, que sirve como paraguas para todas las iglesias de la Ciencia Divina. Cada uno de los líderes de la iglesia de la Ciencia Divina sigue esforzándose por una mejor educación, y el Dr. Murphy fue uno de los líderes que respaldó la creación de la Escuela de la Ciencia Divina en St. Louis (Misuri) para formar a nuevos sacerdotes y proporcionar educación continua a los pastores y los feligreses.

Se puede decir que la reunión anual de los pastores de la Ciencia Divina era de asistencia obligatoria, y el Dr. Murphy era un conferenciante relevante en este evento. Animaba a los asistentes a estudiar y a seguir aprendiendo, especialmente en lo relativo a la importancia de la mente subconsciente.

A lo largo de los siguientes años, la iglesia local de la Ciencia Divina de Murphy creció tanto que el edificio se quedó pequeño para alojar a tantos feligreses. Alquiló el Teatro Wilshire Ebell, un antiguo cine. Sus oficios religiosos contaban con tanta asistencia que incluso ni siquiera esta instalación podía dar cabida siempre a todos los que querían asistir. Las clases impartidas por el Dr. Murphy y su personal suplementaban los oficios dominicales, a los que asistían entre 1300 y 1500 personas. Las conferencias y las clases se celebraban la mayoría de los días y las tardes. La iglesia permaneció en el Teatro Wilshire Ebell hasta 1976, cuando se trasladó a una nueva ubicación en Laguna Hills (California).

Para llegar a la gran cantidad de personas que querían escuchar su mensaje, el Dr. Murphy también creó un programa radiofónico de debate semanal que acabó teniendo una audiencia de un millón de oyentes. Muchos de sus seguidores sugirieron que grabara sus conferencias y sus programas de radio. Al principio se mostró reacio a hacerlo, pero acabó por aceptar experimentar. Sus programas de radio fueron grabados en discos extragrandes de 78 rpm, una práctica común en aquella época. Disponía de seis casetes obtenidos de uno de estos discos y los dejó en la mesa de información del vestíbulo del Teatro Wilshire Ebell. Se vendieron en una hora. Esto inició un nuevo negocio. Las cintas de sus conferencias que explicaban pasajes bíblicos y que proporcionaban meditaciones y oraciones a sus oyentes no sólo se vendieron en su iglesia, sino en otras iglesias y librerías y por correo.

A medida que la iglesia creció, el Dr. Murphy añadió un grupo de personal profesional y administrativo para que le ayudara en los muchos programas en los que estaba implicado y en la investigación y la preparación de sus primeros libros. Uno de los miembros más eficientes de su personal era su secretaria administrativa, la Dra. Jean Wright. Su relación laboral se transformó en un romance y se casaron: una relación que duró toda la vida y que enriqueció la existencia de ambos.

En esta época (la década de 1950) había muy pocos editores importantes de obras de inspiración espiritual. Los Murphy localizaron a algunos pequeños editores en la región de Los Ángeles, y trabajaron con ellos para publicar una serie de libritos (frecuentemente de entre treinta y cincuenta páginas e impresos en formato panfleto) y que se vendían principalmente en las iglesias a un precio de entre 1,50 y 3,00 dólares por libro. Cuando los pedidos de estos libros aumentaron hasta llegar al punto en que fueron necesarias segundas y terceras ediciones, los editores más importantes se dieron cuenta de que había un mercado para este tipo de libros y los añadieron a sus catálogos.

El Dr. Murphy se volvió muy conocido fuera de la región de Los Ángeles como resultado de sus libros, sus cintas y sus programas de radio, y fue invitado a dar conferencias por todo el país. No limitó sus conferencias a asuntos religiosos, sino que hablaba de los valores históricos de la vida, del arte de vivir de forma plena y de las enseñanzas de los grandes filósofos, tanto de las culturas orientales como de las occidentales.

Como el Dr. Murphy no había aprendido a conducir, tuvo que disponerlo todo para que alguien le llevara a todos los lugares a los que le invitaban para dar conferencias durante su atareado calendario de trabajo. Una de las funciones de Jean como su secretaria administrativa, y más adelante como su esposa, era la de programar sus tareas y disponerlo todo para sus viajes en tren, en avión, para que le recogieran en el aeropuerto, para el alojamiento en los hoteles y el resto de los detalles de los viajes.

Los Murphy viajaban frecuentemente a muchos países de todo el mundo. Una de sus «vacaciones de trabajo» favoritas consistía en dar conferencias en cruceros. Estos viajes duraban una semana o más y les llevaban a muchos países de todo el mundo. En sus conferencias, el Dr. Murphy hacía hincapié sobre la importancia de comprender el poder de la mente subconsciente y de los principios de la vida basados en la creencia en un Dios, el «YO SOY».

Una de las actividades más gratificantes para el Dr. Murphy era hablar a los reclusos en muchas prisiones. Numerosos ex convictos le escribieron a lo largo de los años, explicándole cómo sus palabras habían transformado sus vidas de verdad y les habían inspirado a llevar una existencia espiritual y positiva.

Los libros del Dr. Murphy con un formato de panfleto eran tan populares que empezó a ampliarlos en forma de obras más detalladas y extensas. Su esposa nos aportó algunas ideas sobre su forma y su método para escribir. Nos informó de que escribía sus manuscritos en un bloc y que apretaba tanto su lápiz o bolígrafo que se podía leer la marca en la página siguiente. Parecía estar en trance mientras escribía. Permanecía entre cuatro y seis horas en su oficina sin interrupciones hasta que paraba y decía que ya había sido suficiente por ese día. Cada día era igual. Nunca volvía a la oficina hasta la mañana siguiente para acabar lo que había comenzado. No tomaba nada de comer ni de beber mientras estaba trabajando: permanecía simplemente a solas con sus pensamientos y sus enormes libros de la biblioteca, que consultaba de vez en cuando. Su mujer le resguardaba de las visitas y las llamadas, y se encargaba de los negocios de la iglesia y de otras actividades.

El Dr. Murphy siempre estaba buscando maneras sencillas de tratar los asuntos y explicar las ideas. Escogía algunas de sus conferencias para exponerlas en cintas, grabaciones o CD, a medida que las tecnologías en el campo del audio avanzaban.

Toda su colección de CD y casetes contiene herramientas que pueden utilizarse para la mayoría de los problemas a los que las personas se enfrentan en la vida. Su tema básico es que la solución a sus problemas se encuentra en su interior. Los elementos externos no pueden modificar su forma de pensar: es decir, su mente es sólo suya. Para vivir una vida mejor, es su mente, y no las circunstancias externas, lo que debe modificar. Crea usted su propio destino. El poder del cambio está en su mente, y utilizando el poder de su mente subconsciente puede realizar cambios a mejor. El Dr. Murphy escribió más de treinta libros. Su obra más famosa, *El poder de su mente subconsciente*, que se publicó por primera vez en 1963, se convirtió en un superventas de inmediato. Fue considerada una de las mejores guías de autoayuda nunca escritas. Se han vendido millones de copias y sigue vendiéndose en todo el mundo.

Entre algunos de sus otros libros superventas tenemos *Telepsychics – The Magic Power of Perfect Living, The Amazing Laws of Cosmic Mind, Los secretos del I Ching, El milagro de la dinámica mental: una nueva forma de triunfar en la vida, Your Infinite Power to Be Rich y The Cosmic Power Within you.* El Dr. Murphy falleció en diciembre de 1981, y su mujer, la Dra. Jean Murphy, siguió con su sacerdocio después de su muerte. En una conferencia que impartió en 1986 citando a su difunto esposo, reiteró su filosofía:

> *Quiero mostrar a los hombres y las mujeres su Origen Divino y los poderes que reinan en su interior. Quiero informar de que este poder está en su interior y de que ellos son sus propios salvadores y son capaces de conseguir su propia salvación. Éste es el mensaje de la Biblia, y las nueve décimas partes de nuestra confusión actual se deben a la interpretación incorrecta y literal de las verdades transformadoras de la vida que contiene.*
>
> *Quiero llegar a la mayoría de las personas, al hombre de la calle, a la mujer sobrecargada de tareas y que sufre la supresión de sus talentos y capacidades. Quiero ayudar a otros en cada etapa o nivel de la consciencia para que conozcan las maravillas que poseen en su interior.*

Decía de su marido: «Era un místico práctico que poseía el intelecto de un erudito, la mente de un ejecutivo de éxito y el corazón de un poeta». Su mensaje resumido era: «Tú eres el rey, el gobernante de tu mundo, ya que eres uno con Dios».

Índice